「秋叶静美」生死学丛书

准备与道别

何仁富 著

华龄出版社

责任编辑：魏鸿鸣

责任印制：李未圻

图书在版编目（CIP）数据

准备与道别 / 何仁富著 . —北京：华龄出版社，
2020.12

ISBN 978-7-5169-1748-0

Ⅰ.①准… Ⅱ.①何… Ⅲ.①生命哲学—通俗读物
②死亡哲学—通俗读物 Ⅳ.① B083-49 ② B086-49

中国版本图书馆 CIP 数据核字（2020）第 180831 号

书　　名：准备与道别
作　　者：何仁富

出 版 人：胡福君
出版发行：华龄出版社
地　　址：北京市东城区安定门外大街甲57号　　邮　编：100011
电　　话：010-58122246　　　　　　　　　　传　真：010-84049572
网　　址：http://www.hualingpress.com

印　　刷：北京市大宝装璜印刷厂
版　　次：2020年12月第1版　　2020年12月第1次印刷
开　　本：710mm×1000mm　1/16　　　　印　张：14.75
字　　数：150千字
定　　价：72.00元

《秋叶静美》丛书编委会

主　编：胡宜安

副主编：雷爱民　张永超

编　委：胡宜安　雷爱民　张永超

　　　　何仁富　黄　瑜　温远鹤

　　　　李　杰

编者的话

　　华龄出版社组织策划的《秋叶静美》生死学丛书涉及死亡认知、临终尊严、老年失智、生前预嘱、殡葬习俗以及生命回顾与追忆散文选编六个主题，这是国内第一套系统的生死学丛书，既体现着客观生命进程的内在必然，也体现着人们生命认知的主观需要。

　　生命既是一列没有返程票的列车，每个生命都有自己的终点站；生命也是一条川流不息的河流，每个人都会投向海洋的怀抱。如此看来，生命的旅程自是风光无限，出生是踏上这一列观光之旅，离别则是另一场旅程的开启。生是自然，死亦是自然。

　　长期以来，人们对生命的认知与感悟似乎只是悦纳生而畏惧死，且重生而轻死，所谓："靡不有初，鲜克有终。"不过，这种情况正在发生改变。随着国人对生命进程从"求取生存"到追求"生活质量"，再到追求"生命质量"的客观发展，人们对生死的认识与态度也在发生变化。尤其是中国社会进入老龄化时代之后，伴随而来的，除了一系列社会问题，更有深层次的思想认识问题需要解决，比如说：什么是死、如何面对自己的临终、如何处理逝者的后事……这些问题往往事关生者与死者、个体与社会关系的方方面面，可谓"牵一而发动全身"，而要解决这些问题，其前提就是向大众普及死亡教育、培养死亡自觉。

　　《直面与超越》引导读者思考什么是死亡？如何看待死亡恐惧？如何以科学之眼透视死亡？在死亡面前，人类是否可以通过不同途径超越死亡？读过本书，相信会带给读者以更多启发；《生命与尊严》对什么是临终尊严？什么是安宁疗护？以及临终尊严如何维护进行了较通俗而严谨的分析，旨在引导读者在面临"救治还是放弃"困境时如何作出正确的选择；《遗忘与难忘》针对失智与失能现象日益严重的问题，对什么是失智？如何认识失智？如何陪伴与照护失智症患者等问题进行较通俗的解答，引导读者面对"熟悉"的陌生人进行有效的陪伴，让爱同行；《准备与道别》则重在解答如何有准备地迎接死亡的问题，明确告诉读者：我们是可以通过生前预嘱、预立遗嘱以及培养良好的疾病观念，给予家人的陪伴与爱等，最后以"四道人生"实现生命的完美谢幕；《旧俗与新风》则面对如何安排亲人的后事，如何达到生死两安等问题，通过系统考察殡葬礼俗的概念及由来，以及殡葬的未来发展趋势，对我们如何做到"生死两安"作出了明确的解答；《回望与追忆》收集了古今中外多篇关于生命的回顾以及亲友的回忆散文，并做了深刻而清晰的导读，引导读者从这些优美的文字中吸取我们应对生离死别的生命智慧，从而坦然面对生死，优化自我生命。

本丛书分6个主题，且相互关联又各自成书，每一个主题都得以充分展开，从总体上呈现出丰富性与系统性；同时，丛书主题之间从一般认知到面对自己的临终，再到理性规划自己的死亡，有清晰的内在逻辑，从而使得整体内容连贯而完整。

认识死亡才能真正拥抱生命，也只有这样，才能抵达优雅尊严的人生终点站。丛书所倡导的豁达、平和而理性的生死观，必将对读者大众产生良好的启蒙作用。作为国内第一套系统介绍死亡的丛书，其所产生的社会效益值得期待。

目录
Contents

序言：生死来去的智慧 / 1

第一章　知生知死——死亡也需要提前准备 / 1
　　一、生命老化的感叹 / 2
　　二、老化的生命变化与理论 / 6
　　三、老年的生命任务 / 10
　　四、传家宝与死亡准备 / 15

第二章　自然死亡——生命尽头的善终之道 / 23
　　一、理想的死：自然死亡 / 24
　　二、现实的死：人工死亡 / 29
　　三、现代医疗与死亡难题 / 35
　　四、有准备的死：向死而生 / 39

第三章　生前预嘱——临终事项的自我准备（上）/ 47
　　一、"生前预嘱"与死亡准备 / 48
　　二、"生前预嘱"与死亡尊严 / 52
　　三、生前预嘱的中国办法 / 58

第四章　预立遗嘱——临终事项的自我准备（下）/ 69
　　一、预立遗嘱与死亡准备 / 70
　　二、预立遗嘱的形式与原则 / 75

三、器官与遗体捐赠 / 80

第五章　与病共处——如何让自己死而无憾（上）/ 87
　　一、如果罹患致命性疾病 / 88
　　二、疾病中的人生该如何过 / 96
　　三、准备迎接人生的终点 / 104
　　四、走向临终的失落体验 / 112

第六章　安宁疗护——如何让自己死而无憾（下）/ 117
　　一、安宁疗护与尊严死亡 / 118
　　二、缓和医疗与安宁疗护 / 126
　　三、安宁疗护如何帮助我们 / 137

第七章　临终关怀——优雅离开的往生行程 / 145
　　一、临终安宁疗护的使命 / 146
　　二、临终关怀的原则与模式 / 153
　　三、走向死亡的四道人生 / 161

第八章　照护陪伴——温暖尊严的最后时光 / 175
　　一、罹患疾病初期的照护陪伴 / 176
　　二、与疾病共生期的照护陪伴 / 184
　　三、临终前的照护陪伴 / 190

第九章　生死智慧——一位儒者的死亡准备 / 199
　　一、罹患癌症与积极治疗 / 200
　　二、疾病加重与缓和治疗 / 205
　　三、疾病复发与安宁病逝 / 209
　　四、死亡准备的生死智慧 / 214

生死来去的智慧

宇宙间的生物，种类繁多，数量惊人，我们姑且不论其生命长短如何，他们都有生、也有死，有死、也有生，生生死死，永不灭绝。我们人类，也是生物的一种，也有生、有死，这生死死生的问题，始终带给人类许多困扰。生、老、病、死，这一宇宙的生命流程，始终掌握着人的命运。生，即生命的出生，人生的开始，常为人们带来喜悦；老，即生命的成长、成熟、老化，人生的过程，常为人们带来感叹；病，即生命的衰退、警告、临终，人生的波折，常为人们带来担忧、痛苦与惧怕；死，即生命的消逝，人生的结束，常为人们带来哀痛与无奈。

人的生命从何处来？从过去到现在，一直都有种种不同的说法。上帝创造说，投胎转世说，自然发生说，生物发生说，精卵结合说，人工复制说……

人既有生，也会有死，生与死是生命流程中不可逆的自然演化结果，任何人皆不能超越生死，活到千年、万年而永恒不灭。人的生命，无法永生不死、永恒不灭。关于人的死，也有种种的说法。蒙主宠召说，寿终福尽说，器官败坏说，严重伤病说，脑干坏死说……

不管是关于生还是关于死，人类文明的发展所创造的各种宗教、哲学、文学艺术以及现代的科学，都有很多讨论，提供了不少智慧。

本书不是直接讨论生与死的生死学著作，而是作为生死学与生死教育著作系列中的一种，所关注的主题既不是生也不是死，而是在经历了"生"的"伟大"后不得不遭受"老"与"病"的苦痛，在这种苦痛经历中，我们如何超越苦痛并为之赋予意义，同时为"死"的"光荣"（有尊严的死）做好准备。

全书九章，可以分为五个单元。

第一章"知生知死——死亡也需要提前准备"和第二章"自然死亡——生命尽头的善终之道"是一个单元，是为本书"准备与告别"的主题确立事实与理论前提。

第三章"生前预嘱——临终事项的自我准备（上）"和第四章"预立遗嘱——临终事项的自我准备（下）"是一个单元，主要关注的是社会学意义上的死亡准备。

第五章"与病共处——如何让自己死而无憾（上）"和第六章"安宁疗护——如何让自己死而无憾（下）"是一个单元，主要关注的是个体生命医学意义上的死亡准备。

第七章"临终关怀——优雅离开的往生行程"和第八章"照护陪伴——温暖尊严的最后时光"是一个单元，主要关注的是临终阶段病患与照护者之间的互动与告别。

第九章"生死智慧——一位儒者的死亡准备"可以作为一个独立的单元，以一位现代大儒的死亡准备为案例，彰显在"准备与告别"这个生死学主题上的中国传统智慧。

第一章

知生知死
——死亡也需要提前准备

一、生命老化的感叹

生命，从有"存活"的迹象开始，总是朝向生长、成熟、生殖与繁衍的目标发展，任何一种生物体，莫不如此。但很不幸的是，生物体的生命也有老化、死亡的不可逆命运，即使号称万物之灵的人类，也难逃此种"劫数"。

（一）老化、老年、老死

一只凶猛的狮子，为什么成长到了某个阶段，其奔跑、猎兽的求生本能，却一天比一天减退？

一只体力充沛的公猴，为什么成长到了某个阶段，其驾驭、统治、领导的活力，以及性本能、体力等，也一天比一天衰退？

一只灵敏的猫头鹰，为什么成长到了某个阶段，其视力也一天比一天减弱，并失去捕捉虫、鼠的活力与本能？

……

总括而言，它们不是生病，不是即将死亡，而是身体组织已老化，体力、活力、视力、求生能力等已衰退。老化，就是身体各器官及组织功能的衰退，以及生殖能力、运动能力等的逐渐减弱现象。以人类的有机体而言，当一个身心健康的人，成长到了某个成熟阶段，其视力、听力、脑的记忆力等，便会逐渐减退，其四肢的运动能力、性能力、器官的功能等，也日渐衰退，且皮肤呈现粗糙、皱纹、干燥等现象，这便是老化的征象。老化其实就是由机体的成熟阶段开始迈向老年阶段的身心变化，或者说是由机体功能的正常状态，逐渐走向衰退、年迈的改变过程。

老化从何时开始？十岁？二十岁？四十岁？六十岁？这是一个很难确定的问题，到现在仍无定论。至目前为止，学者间仍然各持己见。有的学者认为，老化与发展一样，从婴儿一出生，即已开始，只是速度缓慢，没有被发觉而已；有的学者认为，老化是从机体成熟后，身心逐渐地改变，以及功能的显著衰退；有的学者更认为老化是从成年期之后，才逐渐显现的身心变化过程。不过，大多数的学者都不愿从年龄上来探讨"老化是从何时开始"的。

老化，简单说，它是每一个人身心变老的过程，它与老年、老死，虽然同是人生过程、自生到死必经的缓慢的、持续的、不可逆的现象，但是，三者之间仍有差别。

老化，呈现在老年阶段之前，它从一个人的发育早期，或者是成熟期间，或者是成人阶段，开始迈向身心老化的改变过程，一直到六十岁或六十五岁以上的高龄，即所谓老年期。

处在老年期的老年人，有的身体尚健康，精神尚充沛，心里无挂碍，与年轻人不相上下；但有的身体已衰老，行动已不便，记忆力、视力、听力……已明显衰退，皮肤粗糙、起皱纹，已呈现风烛残年、老态龙钟的模样。所以，老年是由老化演变的结果。

老年之后，一般而言，体能下降，疾病增多；有些人失能、失智，需要他人的照顾；有的身体素质好的，能活到九十岁或一百高龄但最后亦难逃老死的命。老死是生命的终结，是老年之后的生命归宿。老人的死亡是预期中的事。事实上，死亡的也主要是老年人。而老化—老年—老死，便是人生自始至终的过程。任何人皆不能避免。

（二）"老"的意涵

在中国文化里，"老"具正向、中性与负向等三重意涵。

"老"的正向意义意味着智慧的累积与经验的传承，虽然流质智力会随时间衰退，但晶质智力却与日俱增[①]。人们常用的一些词语，如老手、

---

① 美国人卡特尔提出流质智力和晶质智力的理论。前者随神经系统的成熟而滋润，如分类、逻辑、推理、记忆等能力，但20岁后该智力便开始衰减；后者经由社会文化经验来获得，如词汇、语言等，随年纪而增加。

老练、老江湖、老前辈、老来俏、敬老尊贤、老成持重、老马识途、老谋深算；又如教人者称老师，掌店者谓老板，夫妻昵称爱人为老公、老婆；俗谚"不听老人言，吃亏在眼前"等，都属于彰显"老"的正向意义。

"老"的中性意义如长者、银发、松柏、长青、遐龄、甲子之年、花甲之年、人到七十古来稀等。这些词语只是在描述"老"作为一种客观存在的生命状态，而并无价值评判。

"老"的负向意义主要在表达衰退、陈腐、僵化、不合时宜等意思。如老贼、老迈、老奸、老旧、老朽、老粗、老糊涂、老顽固、老骨头、老花眼、老蕃颠、老不修、老态龙钟、吃老出辟、食老变相、年老色衰、老气横秋、老成凋谢、老声老气、老生常谈、临老入花丛、十老九膨风等。

英语的old代表"老的、旧的"，而aged更是年龄的负面表征。西谚"老狗玩不了新把戏"（An old dog cannot play new tricks）也是表达"老"的负向意涵。

关于"老"的负向意涵的这些用语，已经是一定程度上的"老人歧视"。因为这些词语彰显和凸出的老人形象，是体弱多病、依赖家人、脾气不好、智能退化、衰竭贫穷、效率低落、孤独丧亡、性致缺缺的代名词。其实，这些刻板印象也会出现在年轻人身上，只是个体间的差异与年龄成正比，如同一把扇子般，活得越久，展开面越大，不能一概视之。

从社会学或老年学角度看，一般谓之"老人"，常以65岁作为规范指标。联合国教科文组织将65岁以上的人界定为"老人"。进一步具体划分，老人又可再分为三老：初老，指65岁至74岁者；中老，75岁至84岁者；老老，85岁以上。

通过分析老年人在全社会人口中所占的比率，又可以将社会存在状态做出特定的社会学区分。老人人口占总人口4%以下者，称为"青年国"，大部分发展中国家均属"青年国"；4%至7%者为"中年国"，多数发达国家均列其中；7%以上者属"老人国"，也称为"高龄化社会"；达到14%时，即为"高龄社会"；至于20%以上，就谓之"超高龄社会"。

中国目前人口老龄化已经成为一个极为严峻的社会问题。2017年年末，中国大陆总人口（包括31个省、自治区、直辖市和中国人民解放军现役军人，不包括香港、澳门特别行政区和台湾省以及海外华侨人数）139008万人，比上年末增加737万人。从年龄构成看，16至59周岁的劳动年龄人口为90199万人，占总人口的比重为64.9%；60周岁及以上人口24090万人，占总人口的17.3%，其中65周岁及以上人口15831万人，占总人口的11.4%。从老年人所占人口比来看，我国已经是典型的"老人国"或"高龄化社会"。

2005—2017年中国65周岁及以上人口数量走势

数据来源：国家统计局，智研咨询整理

而且，中国人口的老龄化程度正在加速加深。2017年，全国人口中60周岁及以上人口24090万人，占总人口的17.3%，其中65周岁及以上人口15831万人，占总人口的11.4%。60周岁及以上人口和65周岁及以上人口都比上年增加了0.6个百分点。预计到2020年，老年人口达到2.48亿，老龄化水平达到17.17%，其中80岁以上老年人口将达到3067万人；2025年，60周岁以上人口将达到3亿，成为超老年型国家。

因此，不管是个人还是家庭，国家还是社会，都必须要为"老"以及随之而来的"病""死"做好充分的准备。

二、老化的生命变化与理论

老化，是从一个人身心发展的早期，即已缓慢地、持续地变老、变样的成长过程，因此老化时的生命会呈现种种变化的征象。研究老化的生命现象，便形成相应的理论。

（一）老化的生命变化

老化的身体变化包括身体外部的改变与身体内部的改变，它是每一个人不可避免的持续发展过程。

1.老化的身体外部改变

皮肤方面：逐渐粗糙、干枯、起皱纹，像缺乏水分、脂肪似的，已失去光泽及细嫩。

脸部方面：逐渐长黑斑、起皱纹，眼袋、眼尾纹、法令纹、额头上的额纹等，逐渐呈现。

头发方面：逐渐呈现秃头或头发频频掉落，形成稀变灰白现象，且脸部的双颊或嘴角上下的胡须增多。

牙齿方面：逐渐呈现松动、掉落或腐蚀现象。

身高方面：逐渐减低，呈弓背现象。

体重方面：逐渐增加，且腹部呈凸出现象。

2.老化的身体内部改变

肌肉方面：肌纤维逐渐萎缩，导致部分肌纤维被结缔组织所取代，促使肌肉硬化，故一旦受伤复原较慢。

骨骼方面：因钙质的流失，骨骼逐渐变脆，缺少弹性，易受外力损害或折断。

器官方面：身体内部的心脏、肺脏、肾脏、肝脏等器官，因长久的耗损，已逐渐发生故障现象。

功能方面：脑部的心智能力、记忆能力，已逐渐减退；眼部的视力、耳部的听力，亦逐渐减退；四肢的运动能力，随之减弱。

生殖方面：性能力，由旺盛期逐渐衰退。

血管方面：逐渐失去弹性，并产生硬化。

3.老化的心理变化

老化，也会带来心理上改变的各种征象。尽管每一个个体生命有很大差异，但是一般来说，"老化"会带来"三怕"的心理变化。

怕老。每个人在年幼时，都希望快快长大，长大到像爸爸、妈妈般，好去追寻童年时的美梦；可是，等到长大成人，开始迈向老化时，却又怕老，这是大多数人的恐惧心态。

怕死。死，是大多数人不愿碰见、不愿遭遇、不愿面临的灾难；因为，人一死，什么都没有了，再多的财物也带不走，再多的金钱也买不回逝去了的生命。虽然，人死了，或许还有来生来世，但来生来世毕竟很缥缈、遥远，很难说服怕死的人的迷惑心态。一个人，在年幼的时候，都羡慕成年人，希望自己也快快长大，可是，等到长大成人，开始呈现老化时，却又怕老、怕死，这是一般人的通病。

怕生病。在生命成长的过程中，这生—老—病—死的流程，始终串联在一起，密不可分，显见人有生必有老，有老必有病，有病必有死。虽然，"有生必有老"乃千古不移的事实，任谁也不能否认，但是，"有老必有病"，或者说"肉体的老化，必然会引起生病"，这句话，却不是绝对性的必然现象。即使"有病必有死"或者说"生病的人，必定会死亡"这句话，也不见得果真会如此，因为，生病的人经过医术的治疗，还有痊愈的希望，不一定会面临死亡。话虽如此，当一个人面临老化的困境后，还是会惧怕生病，害怕生病会夺去自己的生命，害怕生病会花费许多医疗费用，害怕生病会连累家人，害怕生病会降低自己的生活质量、生命质量。

（二）关于老化的理论

任凭哪一个人，身体多么的健康，多么的强壮，从来不生病、不吃药，他（她）也终究难逃老化的命运。

任凭哪一个人，生活在多么优越的环境，医疗科技多么进步的时代，他（她）也同样难逃老化的挑战。

老化，不是上帝的惩罚，不是命运的安排，而是每一个人在成长过程中必须经过的灰色地带——即身心的变老历程，任谁也避免不了。

那么，人的生命为什么会老化？老化的理论，虽然学者间仍有不同的意见，众说纷纭，莫衷一是，但是，有两个理论，却是大多数的学者所赞同的，一是结构论，一是损耗论。

1.关于老化的结构论

结构论也称为基因机能学说，指年老时细胞的修复能力迟缓或是修补的基因发生突变。结构论认为，人体的器官、组织、结构，乃至于细胞，本来就潜伏着老化的因子，只要个体成长到某个阶段，或达到某个成熟年龄，老化现象即自然发生。老化现象是基因所造成，基因所发出的讯息，会促使个体的身体逐渐改变，身体的器官、组织、细胞以及结构性功能，则随之老化、衰退……例如妇女的停经，便是老化的明显例子。

在结构论老化理论中，每个生物体中都带有一种基因程序，以逐渐"关闭"其正常的生理活动，最终关闭所有的生命。对于人类而言，不同的人有不同的情形，至少我们每个人最显著的老化特征都不太相同。这使得老化的现象并不一致，会出现诸如免疫力丧失、皮肤起皱纹、恶性肿瘤的发生、失智症的产生、血管弹性下降以及许多其他现象。

按照结构论（基因理论），正常细胞进行分裂时端粒会变短，到一定程度时就会自然死亡。胚胎细胞分裂约50次便会出现老化与停滞，成人细胞仅为20次。分裂次数与冻结保存的期间无关，但与个体寿命有关。

此外，年轻细胞的排列呈现井然有序的长方形，年老的细胞则为臃肿状，分散凌乱，细胞核也会破裂出现变性的颗粒物质。将上述过早老化者的细胞进行培养，其寿命约只有正常人的一半，表示老化基因在过了旺盛的生殖期后，会将开关自动转成"开"的状态。

2.关于老化的损耗论

损耗论也称为衰竭论，指个体的日常生活会伤害生物系统的运作，限制自我修补的能力。依据这种理论，人体的器官、组织、结构，乃至于细胞，因不断地、持续地发挥功能，毫无歇息的时刻，故日子一久，难免因缺乏保养，而发生耗损现象，导致个体的身体逐渐受损害，其身体的器官、组织、细胞以及结构性功能，亦呈现老化、衰退现象。这其中，又有各种不同的解释。

比如说，随着时间的增加，细胞内的蛋白质会逐渐相连起来，使所有活动功能受到牵制，细胞机能低落而引起老化；或者，DNA受到外在污染和放射线的影响，修补永远赶不上伤害的速度；又或者，由于DNA受伤之故，在转录RNA的过程中会发生错误，形成异常蛋白质，干扰生命控制的机制；再或者，生命代谢所产生的游离根会自我繁殖或与其他分子作用，产生更多的游离根，攻击细胞膜内的不饱和脂肪，破坏染色体，当清除游离根的酵素无法有效作用时，个体就会开始老化。

3.关于老化的其他假说

此外，也有以"生命时钟"来说明老化的。

一种假设是，当生命时钟走到某设定区段时，人体便进入老化阶段，若能找到设定钮并往后拨动，老化即可迎刃而解。但老化机制并非由单一激素所造成，否则人类会因基因突变而出现常春不老的个案。

另一种假设是，人体的生理状况好像发条般，随着生命时钟的运转而逐渐松弛，在身体官能或结构停止生长后，老化即已上身。如有人认为老化是免疫系统遭受自身防御系统侵袭而形成，但无脊椎动物不具免疫系统却仍有老化现象，故此假说仍无法让人信服。

还有一种假设是自由基破坏论，人体在新陈代谢的过程中会产生自由基，虽有保护身体免受细菌、病毒、化学物质等外来体侵害的作用，但缺点也很多。由于具有强烈的氧化特性，侵蚀并破坏体内细胞，不仅是肌肤的老化，更与许多过敏反应、心血管疾病有关，故有人认为处理好自由基的问题，健康与长寿就唾手可得。以自由基的论点，大型动物的能量代谢低，产生的活性氧也较少，故较长寿，如大象约60岁、马40岁、狗20岁。

三、老年的生命任务

如果老化的过程，不会因个人习惯的改变而有太大的变化，那么我们为何要坚持活过寿命可能存在的极限？为何我们不能安于大自然不变的形式呢？

（一）人类的寿命

无论是资源的耗损与用罄，或是基因预设的结果，每种生物都有特定的寿命长度，对人类而言是100至110岁。这意味着即使能够在老化肆虐之前治愈或预防每一种疾病，还是没有人能活过一个多世纪。在现代人口学的形态上，我们中大部分的人都至少活到迈入老年的第一个10年，因此都注定要死于老化。虽然生物医学大幅提高了人类的平均寿命，但人类最长寿命自有史以来就没有改变过。在发达国家中，只有万分之一的人活过100岁。

人类的自然寿命，即"天年"，远古《圣经》推断约为70年。中国传统医学文献《灵枢经》记载"尽其天年，度百岁乃去"，三次提到天年为百岁。《尚书·洪范篇》则以120岁为寿。

很久很久以前，人类的平均寿命只有20多岁。自有历史以来，人类的平均寿命愈来愈长：古老穴居人约18岁，60000年前尼安德特人（更新世晚期旧石器时代的"古人"，多分布在西亚、北非、欧洲一带）、青铜器时代希腊人为20岁，罗马则为23岁。100万年前的人类和其他众多生物一样，顺从"产子后身亡"的自然界法则，迎向生命终点。18世纪文艺复兴时是35岁，19世纪时为42岁，20世纪初时增加到49岁。如今，大部分国家平均寿命都达到70岁了。人类花了约一百万年的时间才延长30年的寿命，在短短的七八十年间，竟又延长了30年。这当然要归功于现代医疗水平的跃进，生活环境水平的提升，饮食质量的大幅改善等多方面的原因。不过，从生物学的角度来看，繁殖能力衰竭之后便走向死亡，乃是极为自然的事。

对于所有人来说，长寿几乎都是可喜之事。但是另一方面，长寿也带来极大的弊害。因为现代医疗技术能够将寿命"延伸"到戏剧化的长度，所以，不少人都抱持着"只要到医院接受治疗就能长寿"的"错觉"。由此，也就逐渐忘却一个最基本的常识——人，终将一死。

自秦始皇派出徐福方士出海找寻长生不老的仙丹以降，"寿比南山"成为人类追求的终极愿望。2007年6月时，美国总统布什在白宫主持基因图谱的典礼，公开陈述在2050年时，运用生物科技可使许多遗传疾病在胚胎阶段即予以汰换，老化物质也能经由干细胞来修复，人类寿命可望延长到95岁，2100年可达140岁，最终朝1200岁的目标去努力。以此观点来看，神仙老子的160岁、养生学始祖彭祖的800高龄、亚当的930岁、玛土撒拉的969岁，都还真是不够看，只有盘古的一万八千岁甚或是奔月的嫦娥才算长寿。届时，"百岁遐龄"变成是咒人短命，因为相当于那时的七岁幼童，"长命千岁"才是新的祝语。

这样的时间若是到来，人类反倒面临更多的棘手问题。比如，十代同堂的情感维护、人类进化与自然淘汰的速度违背天择、强迫民众在长寿和生育后代间做一抉择、重新制定摘鞍下马之年、社会福利与社会保障给付的改弦易辙、老人相关事业的扩展、贫富寿命差距呈现的阶级对抗，以及基因图谱被少数不法之徒所利用……

生活就像一辆穿越隧道的火车。火车进入隧道，但总有一刻要离开。当年长的亲朋好友将要离开这个世界时，我们什么也做不了，唯有爱与回忆再将生死两端的人连接。当长辈都已不在人世，同辈人也一个个逐渐离我们远去，我们发现自己的时间也所剩无几。

（二）成功的老化

并非所有生物都会经过老化的阶段，如鲑鱼在产卵后，直接由青春年华连接到死亡；雄蜂与蜂王交尾后，于生殖器断裂的瞬间结束生命；藤蔓新芽前端增生的无性生殖，也不会出现老化现象。

但对人类来说，老化是无可避免的事实，常言"四十过，年年差；五十过，月月差；六十过，日日差""人惊老，债惊讨"。这些民间生活谚语都生动地刻画出老化带来的身心变化。不过，我们可以借助"成功老化"来延缓身体机能的衰退，过着精力充沛、有生产力的日子。

成功老化并非只是增加寿命而已，重要的是增进健康，提高生活质量。其实，90%的身体状况在老年期之前就已决定，身体如银行般，年轻时应有着正常步调，善加保养，储存本钱留待以后使用；若过度挥霍，日夜颠倒，饮食无度，成功老化的质量无疑会大打折扣。

成功老化可分为以下几个层面来说明。

在营养方面，重质不重量，少量多餐，均衡饮食。注意低脂肪、低油量、低热量和高纤维"三低一高"的摄取，多吃天然"食物"而非加工"食品"。

在运动方面，所谓要"活"就要"动"，平时就要做到"运动333"：每周至少运动三次（运动频率），每次至少30分钟（运动时间），运动后心跳达130次以上（运动强度）。另有人提出"运动357"：每次至少三公里或30分钟以上，每周五次，每分钟心跳加自己年龄等于170。

在习惯方面，不烟、少酒、戒槟榔，作息正常，白天多喝水，不熬夜，11点前要上枕头山，睡眠至少八小时。平日多阅读，吸收新知，保持好奇心，多进行如下棋等益智活动，维持高度心智与身体功能。

在心理方面，保持幽默，心平气和；乐天知命，知足常乐；培养兴趣，充实生活；过事潇洒些，看事糊涂些；减少压力，但保持些许刺激；寻找可以感动的事物，忘掉过去，享受今日，展望明天。

在社会方面，本身要有着基本的经济保障，维持自我独立，持续生产力，如参与志愿者等活动，营造充沛的人际网络。

（三）老年的生命任务

在很多社会中，老年人群被认为是社会智慧的化身。随着老年医学的发展，人们尤其认识到了年老并非与多病画等号。步入老龄势必要经历一系列的生理、心理和社会的变化，但是大多数的老年人仍然精力充沛，生活充实而幸福。

老年阶段不是一个停滞的阶段，老年人群也不是一个苍白单一的人口群体。有研究发现，老年人并不在意年老本身的意义，他们关注的是在老年阶段自我生命的意义。所以，核心问题是老年人如何保持延续感和信念，来帮助他们应对生命的转折。

著名心理学家艾里克·埃里克森将人的一生从婴儿期到老年期分为八个阶段。每一个阶段都存在自我认知、人生目标、与他人关系方面的危机。每一阶段的发展任务就是去成功解决这个危机，然后人们才能向下一成熟阶段前进。

第八阶段被称作成熟期或者老年期。人生最后一个阶段的任务应当是实现圆满——坚信自己的一生是有意义和价值的，是有所贡献的。人们回头审视自己的一生时发现，他或她打了一场漂亮仗，完成了所有任务，体会到一种圆满感。埃里克森的八个阶段完成后会带来良好的自我意识，让渐趋死亡的人在面对死亡或生活中的其他挑战时拥有自信。因为当人实现了圆满，他们看待自己的过往就会更加宽容，会满意他们所度过的一生。心怀圆满，一个人就应该到达死亡过程中的接受阶段，他会对自己感到很有把握。由此而言，老年人的生命发展任务，应该是进一步的自我完善而不是绝望和自我厌恶，是实现自我意义而不是自我放弃，是实现身心和谐而不是消极等死。

换言之，老年人最根本的发展任务，是通过生命回顾，接受过去，实现内在意识的整体性。在这种内在提高的过程中，过去的经历会不经意地被提升到意识层面上，被人不断反思和评估，也许还会被重新解读和整合。通过这种自觉的生命回顾，目的是解决旧有的纠结，从而达到一个新的境界，这个境界既是对过往的总结也是对死亡的准备。如果这个过程进行得很顺利的话，那么老年人会变得非常智慧；反之，人们会对过去的生活不满，而现有的精力和时间又不允许他做新的改变来弥补过失，从而让人产生绝望。

在现代社会，撰写回忆录其实就是老人连根传家的重要方式。老人写回忆录，就是在想自己的爸爸，想自己的妈妈，想自己的爷爷。想谁就跟谁连上了，就把自己的根连上了。人只要一连上根，马上精神状态就不一样了。连根养根的时候，生命能量马上就恢复了。天天想自己的爸爸妈妈的时候，自己的角色就成为孩子！是孩子就是孩子状态，是老人就是老人状态。老人跟自己的孩子在一起，天天是老人；老人跟他自己的爸爸妈妈在一起，他就是孩子，一下子精神状态就恢复到孩子状态了。

跟祖宗连上根以后，这个意识有了。孝亲敬祖的意识产生了，跟蜡烛一样，蜡烛点燃了，不管它，自然就燃烧了。所以，老人把传家之志点燃，去做传家的事，这是老人最大的生命任务，也应该是老人最大的志向。

老年人是否还有价值？

当人们谈起老年人，常会不自觉地联想起没有能力和对他人严重的依赖感。这种想法可不仅仅是我们周围的主流社会才有的。在近北极圈的地域，有些部落有时候会遗弃老年人，认为他们不能再为部落出力了。薇玛·瓦利斯曾在2004年出版过一本书《星星婆婆的雪鞋》，这个故事是她的母亲讲给她听的，故事讲的就是阿拉斯加阿萨巴斯卡族的传奇。

故事一开始介绍了一个部落里有两位上了年纪的老婆婆，部落的其他人认为她们两个爱抱怨，很挑剔，部落已经不再需要她们了。部落里的资源本来就很少，而两位老婆婆更被视为是负担。在一个严寒的冬天，部落的粮食快吃光了，人们很饿，部落的首领决定不再要这两个老人家了。

接下来，瓦利斯是这样写的："两个婆婆又老又瘦小，她们坐在篝火前，骄傲地昂着头以掩饰自己的震惊……她们面无表情地注视前方，假装没听见首领的宣判。将她们留在这个似乎只有强者才能生存下来的蛮荒之地，无疑是宣判了她们的死刑。两个弱小的老婆婆根本无力反抗这个制度。"

但是，这只是故事的开端。这两个老婆婆并没有在孤单和绝望中沉沦，更没有死去。相反，恶劣的条件唤醒了她们的潜能——无论是心理、身体、智慧还是精神——她们也从未认识到自己会有这样的能力，她们活了下来，而且获得了大丰收。一年后，当部落再一次遇到两个老婆婆，部落的情况十分不好。老人家将自己用辛苦和智慧获得的粮食给部落的人吃。最后，部落的人们以及这两位老婆婆都意识到他们是可以互相帮助的。所以，年老不一定就意味着失去能力，更加依赖他人；她们只是到达了与他人关系的一个新的层次，在这个层次上，每个人仍然是可以受益的。

四、传家宝与死亡准备

在生命回顾和获得圆满之间存在一定关联。进行生命回顾是因为人意识到自己快走到了生命的终点并且死亡将至。生命回顾有助于人为死亡做准备，这样的准备可以减少对死亡的恐惧。研究发现，在家里帮助人们回忆和评价自己生活的老年人，比起没有进行此项活动的老年人，在生活满意度、积极的情绪方面有显著的改善，抑郁症状的状况也较少。

（一）点燃传家的生命志向

生命回顾有时让人重返早年常去的地方，重拾当时的美好回忆。生命回顾有助于给一生画上句号。生命圆满谢幕了，演员觉得自己的表演很出色。

在中国社会，特别强调老人的一大生命任务，就是传家。但我们今天的老人们，对此却缺乏充分的意识，大多数在养老中的老人，都只是在养花养鸟，养狗养猫，而不养志向，没有了作为老人完成自己应该完成的生命任务的志向。人一旦没有志向，气就衰了，整个人生缺乏活力，就过得很迷茫混沌。每天活着，没有一点朝气，没有一点希望，每天混吃等死。这实在是非常糟糕的养老模式。

人老了没有志向，最大的问题是老年人对生命真相不了解。他认为自己是夕阳了，夕阳无限好，我是黄昏人。只要老人认为他是夕阳，这个志向就不容易点燃。

老年人究竟是夕阳还是朝阳？从个体上来讲，如果老年人将自己只是当作一个生命个体的话，他肯定是夕阳了。但是，如果把老年人放在家庭传承的系统里面看，老人其实是家族传承的火炬手，传家是他生命的志向，这个志向永远都不会熄灭，关键是要把它唤醒。

老人传家传什么呢？传家风！有家风才有家业。家风在家规里面，家风在家谱里面。因此，老人晚年最重要的生命任务，便是通过回顾自己的生命，把他知道的家族事迹记录下来，流传给儿孙。老人传家，儿孙才能代代不衰。由此而言，老人是朝阳，不是夕阳。老人是宝不是草。

《了凡四训》里有个林老太太的故事。她是福建莆田人。林老太太人很厚道，拿家里的米粉做粉团来救济吃不上饭的穷人。天天在帮人，助人为乐。一做就是三年，这三年尽心尽力，恭恭敬敬地做善事。有一个高人，就跟老太太讲，积善之家必有余庆，你这三年做了很多好事情，福气能量积得太大了，从此以后，你的子孙做官的人很多，有一升芝麻那么多。老太太去世之后，当年林家就有九个子弟考取功名。而且，林姓在福建是一大姓。在福建就流行一句话，"无林不开榜"，只要开榜一定是林家人。

《了凡四训》说："有百世之德者必有百世之子孙保之，有十世之德者定有十世子孙保之，有三世二世之德者定有三世二世子孙保之。其斩焉无后者，德至薄也。"中华民族五千年不衰，是历代祖先的功劳。一个家族的兴衰也是由这个家族的老人传家决定的。孟子在介绍周文王的时候，周文王就是通过养老来振兴周家王朝的。

在《孟子》里面有这么一段话：

"伯夷辟纣，居北海之滨，闻文王作，兴曰：'盍归乎来？吾闻西伯善养老者。'"伯夷是周文王时候的一位很有德行的长者。因为商纣王比较昏庸，把老人不当回事，把老人当问题，所以他们就逃离了国都，到了北海之滨来度晚年。后来听说周文王兴起了，听说周文王特别善养老人。于是就说，我们为什么不回去呢？这是讲的伯夷。

"太公辟纣，居东海之滨，闻文王作，兴曰：'盍归乎来？吾闻西伯善养老者。'""太公辟纣"，这是另外一个老人，叫太公，也是很有德行，影响力很大。"西伯"就是周文王。太公同样发出这种感慨，周文王善养老者，我们要回去了。

后面进一步补充，"二老者"，这两位老人，"天下之大老也"，老人当中很有影响力的叫大老。"而归之，是天下之父归之也"，二位大老要是回到了国都，天下的老人都跟他回国都了。老人回到国都，老人的子孙也跟着回国都了。

把老人养好了，子孙都跟着老人跑，这个国家就兴盛了。如果说没有老人、不能吸引老人、不能养好老人，这个国家是没有根的，子孙到处流浪。所以，后面就补充一句，"是天下之父归之也"，天下的老人父母归顺周王朝。"其子焉往"，这些孩子会跑出去吗？肯定归顺了。后面讲，"诸侯有行文王之政者，七年之内，必为政于天下矣"，如果哪一个诸侯用文王赡养老者天下归之的方法来治国，只要七年时间，就可以得天下。

（二）开启无憾的死亡准备

有关死亡的话题总是引起生命各个阶段的人的焦虑。事实上，中老年人尤其会对死亡的接近感到焦虑和担忧。他们怕死亡的过程是漫长、痛苦而且丑陋的，怕以植物人的方式死亡，怕被束缚在复杂的医疗器械上，怕医药账单吞噬他们的保险金和个人储蓄。他们担心长期护理和相关费用让家人负担过重。他们害怕失去控制自己的生活能力，只能靠疗养院帮助。

一些人可能会想象，"如果在健康的状态下骤逝"，没有痛苦，是否就是最理想的死法？其实不然。因为，人在完全没有预兆、某天突然离开人世的情况下，在死亡的瞬间是会留有遗憾的。"这件事还没做""那件事也没能做"，在即将咽气之际，必然会懊悔。比如，如果在临终前来不及和另一半、孩子或朋友等所爱的人好好道别，真的能够甘心瞑目吗？又比如，自己真正想做的事情在半途而废的状态下结束，真的能够毫无怨言地走下人生舞台吗？

相同的问题，也可以套用到我们突然失去重要的人之时。比如，祖父母或父母亲突然过世时，我们会不会因为没能在他们临终前见最后一面而留下遗憾呢？会不会想"可以的话，真希望能够实现他们的心愿，尽可能让他们带着笑容离世"？很显然，突如其来的天人永隔，对于被抛下的人来说，也是会留下一些遗憾的。

伴随着现代医疗技术的发展和人们对医学的迷信，医院已经在我们和死亡之间隔开了一堵墙。人们亲历亲人咽气的机会越来越减少，死亡也越来越被视为禁忌。因此，人们变得不再认真去面对"死亡"——这原本就会降临在所有人身上的命运。人们视死亡为"恐怖""伴随不安"之物，并且尽可能将相关事宜全部托付给医院或医生，因为所有人都不为死亡或是临终照护做准备。

由于缺少这样的准备，又极度缺乏关于死亡的常识，往往导致人们面临真实的死亡时一片混乱、不知所措。比如，一位97岁的爷爷在诊断出癌症末期的瞬间，还不停地喃喃念叨："我怎么会突然得这种病？"一位男性以百岁之龄安详离世，他的儿子却大声咒骂医院和医生："我父亲一年前还健健康康的，怎么就死了呢？我要控告医生！"尽管可以理解当事人的心情，但是冷静思考，就会觉得这未免有些奇怪。如果有人已经如此长寿，或是一位中高龄的成人有着超高龄的父母，却还表现出上述言行，那一定是因为他们完全没有着手进行早就该做好的"死亡准备"。

是人，都会死。因此，过了某个年纪，人就必须做好相应的心理准备。孔子说"五十而知天命"。从现代生物学的角度来看，人过了五十岁后，死亡何时造访都不奇怪。因此，提早认真思考自己的"谢幕方式"，我们至少可以少一些遗憾和忙乱。

或许绝大多数的人都会想，"这么年轻就要思考自己的死，也太……"可是，客观的情况是，在愈早的阶段开始准备，就愈能提升实现自然死亡、无憾离世的可能性。相反，如果不为死亡做准备，事到临头可能真的会让自己和亲人后悔不已。比如，如果无法自行进食，连续使用经皮内视镜胃造口（只在腹部开洞插入胃管以摄取水分及营养的方法）十年以上，因肌肉或关节长期处于痉挛状态或因缺乏活动，会导致肌肉萎缩、关节扭曲僵硬，进而造成功能障碍及疼痛，出现全身挛缩，手脚彷佛是相缠的绳圈一般扭曲交缠。有许多病人在这样的状态下失去自主意识，家属也只是全权委托医院或是疗养院，而不再来探望。如果病人可以在演变成这样的状况之前，认真思考"那一刻"的事，比如，"我要不要做胃造口""我要不要进行维生医疗处置"，可能就不会出现这样不幸的"人生经历"了。一个人是否提前思考自己的"死"，有可能左右他"活着"时的样貌。

有许多人都认为，"我至少能够活到平均寿命吧"。这样的正面思考是好事，但是，如果一直都这么想，并坚信自己会如此，那么，一旦遇上紧急状况，就只会茫然失措；不仅如此，甚至会很难接受自己所处的现状。

你希望在五六十岁就能说出"我的人生真是太美好了",开心度日直到最后一刻吗?

你希望自己在关键时刻可以毫不迷惘,带着"我已经没有遗憾"的心情,沉浸在满足感中,踏上旅程吗?

如果你已经年过五十,就可以而且应该开始回顾自己过去的人生,培养面对死亡的思考,认真思索"我还有没有想做却未做的遗憾""临终片刻我想做什么"等问题。接着提醒自己,尽可能去实现浮现在脑海里的那些应该做的事情。如此一来,自己活着的时间会更加充实,人生的最后一幕也必然能够在心情平稳的状态画上句点。

(三)死亡的精神准备与统整人生

埃里克森将人的发展最后阶段的成熟特质称为"统整",而没有能达到这样的生命成熟,便会产生"失望"。

发展成熟——"统整":这样的人会体验到生命的满足、平安与丰盈。就如同有一块墓碑上这样刻着:"我这一生受到很多恩惠,我的生命充满感恩与丰美!"他的人生是统整的,虽然经历喜怒哀乐与各种磨难,但所有的经历皆造就了他独特的人生。他感受到自己的生命很有意义,且在宇宙大化中占有一席之地。

发展阻滞——"失望":若人活了一生,到临终时方觉自己的生命毫无意义,很荒谬,则他的整个人会很混乱,对人生失望,彷佛虚度此生。

因此,死亡的"精神准备"并不像物质准备那么具体,而是在每日的生活中去充实精神的内涵,到最后才能"盖棺论定",以便自己评值是否已达"统整"阶段。

死亡的"精神准备"至少可以有下列四种途径。

活出生命的三幅度。生命有不同幅度,第一个幅度是"生理生命",这是不言而喻的。第二个幅度是"内涵生命",这内涵生命由贫乏到丰富,能有极大的差异,关键看人如何选择及如何充实自己的内涵生命。

第三个幅度是"超越生命"，由腐化到不朽，也是人能自由选择的生命方式。就因为生命有限，人终有"生理生命"死亡，才能凸显它的价值，更加充实"内涵生命"，并使"超越生命"为之不朽。

生死沟通，生死互渗。人们在"生"的时候要常想"死"的问题。例如在求取高官厚禄、声名财富之时，要想到死亡时一切都带不走。在为生活汲汲营营之时，要想到生命恒久的意义为何。当人能生死沟通及互渗之时，精神内涵才能丰盈。

人生观及价值观的反省与确立。"死亡教育"其实就是"人格教育"，反省及确立自己的人生观与价值观，才能丰富生命的内涵，超越死亡的腐朽。然而人生观及价值观并非如死水般沉寂的物品，它是随着个人的生活体验而随时随境调整的。人总是能往更精神性的方向进步，而使自己的"超越生命"能一再地丰富。

面对"拥有"与"失落"的态度与处理。人一生中一定经历许多的"拥有"与"失落"，而每一次"失落"珍惜的人、事、物，就像一次"小死亡"。如何面对这些"小死亡"，会为将来面对真正死亡时的态度奠基。因此人们最好将每一次生命中重要的"失落"当作"死亡教育"的课题，好好作业，每次小考得高分，大考就应不致失误了。

第二章

自然死亡

——生命尽头的善终之道

一、理想的死：自然死亡

每个人都想真实地生活，活出自己。不过，如果我们能够认真想想"如何能够自然死去"，能够做到"自然生活"并兼顾"自然死亡"，才算真正无悔地、心满意足地演完人生的最终幕。

（一）自然死亡的福气

在传统社会中，普通人对死亡最愿意接受的方式大抵是自然的死亡。所谓自然的死亡，是指一个人在毫无预警、毫无觉知的自然状态下，像睡眠似的消失了生命的迹象，任凭他人如何叫喊，如何急救，死体永远不会复活的状态。当然，此时的死者，呼吸已停止，心脏跳动、脉搏跳动、血液循环等功能也一并停止，由于死态温和、慈祥、无痛苦状，所以一般人常称之为"善终"，或美其名为"寿终正寝"。这种无病、无痛、无受伤的死亡现象，便是自然的死亡。

比如，我们可以看到这样的叙述："王老伯，年近八十，身体尚健康，某日中午一时许，竟于观赏电视中，静坐死亡。""林×志，年轻体健，仍就读于××大学信息系×年级，某夜竟于睡眠中，无病死亡。""老翁陈×泰，年逾九十，子孙满堂，多财多福，但却无法长生不老，于某夜安眠中，与世长辞。""邻居的药师夫妇，同年、同月、同日生，结缡五十多年，竟于参加金婚集体典礼之后，双双于同年、同月、同日的凌晨，奔赴黄泉，永别尘世。"

中国传统社会将"考终命"视为"五福"之一。"考终命"也就是"善终"，或者说"好死"，其实也就是自然而然地走向生命终点的"自然死去"。

怎样的内容才算是构成"好死"，其实并没有简单的定义。在古埃及时期，在风华正茂之时死去，被认为是特别幸运的事。在我们今天的社会里，年纪轻轻去世则被看作一件不幸的事。实际上，可以从多个不同的角度来定义"好死"。

死亡心理学家卡斯滕鲍姆将现代社会"好死"的构成要素归纳为如下几点①。

（1）人们在其生命尽头应当免受最终的身体痛苦、心理痛苦和精神痛苦。

（2）好死应当展现社会的最高的价值观。当人们以一种和谐的方式结束其生命时，共同的价值观得到证实。

（3）好死要能证实我们最有意义的人际关系。

（4）好死是完美无缺的。我们在好死中能体验顿悟，有一种意味深长的美感、大爱或者融洽之感，去世的时刻变成生命的高峰体验。

（5）好死就是最后阶段的好活。人们应当像活一样地去死。

（6）好死是协调的。它是一个故事，一种梦想，符合情理，满足我们对结束的需要。

《最后的舞蹈——关于死亡》一书中还列举出了判断好死的十条标准：

（1）死得自然。而不是意外、自杀或者他杀。

（2）人已成年。年老，接近精神技能的顶峰而寿命长得足以拥有见多识广且有所建树的人生。

（3）合乎预期。既不是猝死，也不是意外作故；出现了某些即将去世的前兆。

（4）名誉良好。一份肯定的讣告，充满了敬语（传递尊敬）。

（5）准备充分。制订了围绕着死的合法的计划，比如葬礼安排、遗嘱和仪式。

---

① ［美］林恩·德斯佩尔德，艾伯特·德斯利克兰 . 最后的舞蹈［M］. 夏侯炳，陈瑾译 . 北京：中国人民大学出版社，2009.

（6）接受命运。"愿意履行义务"，体面地接受不可避免的死亡。

（7）文明告别。热爱活着的人们，临终场景被鲜花、美丽的图画和低回的音乐装点得生气勃勃。

（8）泽及后代。将"家族的智慧"传给年轻一代，与亲友分享记忆和历史。

（9）表达悲哀。体验伤心和遗憾情感，但不会垮掉；带着某些未竟计划死去；"以没有一个人生是完美无缺的范例教育后人"。

（10）心情平和。临终场景充满了和睦与爱，荡漾着摆脱身体痛苦的轻松气息。

著名的生死学者傅伟勋先生曾经从理想条件和起码条件两个方面来理解死亡的尊严，认为"就理想条件而言，我们都希望能够避免恐惧、悲叹、绝望等负面精神状态，能够死得自然，没有痛苦。……就起码条件而言，……至少能够依照本人（或本人所信任的亲属友朋）的意愿，死得'像个样子'，无苦无乐，心平气和"。[①]这样的死亡不但能让终末期病人可以平静地安排自己人生宝贵的最后时光，而且也可以因此减轻生者的悲痛，不至于为死者的死亡而痛不欲生。

王云岭教授的《现代医学与尊严死亡》一书，在"现代医学"及医疗技术的大发展语境下，以"尊严"作为话语模式来对"尊严死"（好死）进行了充分的讨论。"人是一种需要尊严的存在。……尊严不但构成了人类能够共同生活的心理基础，还构成了每一人类个体的生命意义与价值。"[②]作者强调，在现代医学情境下，"优死"或者说"善终""好死"，最为主要的内涵有两个：一是死亡时刻没有痛苦；二是死亡之前未曾受病痛折磨，特别是长期的病痛折磨。

综合来说，恰当的死亡必须相对地免除疼痛，受痛苦程度要降到最小；同时，濒死者的社会需要和感情需要应该得到最大程度的满足。另外，濒死的人能够尽其所能地承认和解决任何余留的个人冲突和社会矛

---

① 傅伟勋.死亡的尊严与生的尊严.北京：北京大学出版社，2006：23.
② 王云岭.现代医学与尊严死亡.济南：山东人民出版社，2016：15.

盾，这个人被允许以与其身体状况以及个性和自尊一致的方式满足自己的愿望。死亡临近了，允许濒死者放弃对他生活的各个方面的控制，而将控制权转交给他信任和依赖的人。根据医学研究所的说法，善终就是病人、家人、护理人员都没有经历不必要的痛苦和折磨，符合病人和家属的愿望，某种程度上符合临床、文化、伦理标准。

（二）自然死亡的过程

自然的死亡，即指无病、无痛、无伤、无血泊，如深沉睡眠般的死亡；自然与自杀的死亡、他杀的死亡、遭遇意外事故的死亡、罹重疾的死亡等不相同。自然的死亡，无自杀死亡的违背自然，无他杀死亡的凄惨恐怖，无意外死亡的恐惧冤枉，无罹病死亡的痛苦孤独，它是毫无觉知、毫无痛苦，自自然然的在睡梦中结束了生命。

自然的死亡是逐渐的，缓慢的，其死亡的过程因为不能亲自体验、亲自经历，所以迄今仍无一致的结论。不过，我们可以勉强地做些推想。

深沉的睡眠。不论死者是静坐冥思或静坐观看电视，抑或是仰卧休憩或躺卧睡眠，当死亡的时刻降临，所呈现的征象是深沉的睡眠。只是在深沉的睡眠中，是否仍有梦境，不得而知。

呼吸的停止。当濒死者即将结束生命、面临死亡时，先是深沉的睡眠；然后，突然地停止呼吸；而心脏的跳动、血液的循环、脉搏的跃动等也同时休止；脑部神经、细胞全部死灭，不发生作用；身体内部器官的功用，也都全部消失。

肢体的僵硬。在睡眠中的活体，不但四肢伸缩自如，躯体亦能左右侧翻；但是在死亡后，肢体即逐渐失去温热，变得又僵又硬，没有弹性。这时，便可以开始为死者处理后事。

人类的肉体生命，只有一生一世，短短几十年。假若肉体的生命真实死亡了，便不可能再复活。所以，有关死亡者的死亡过程，在国内很少有学者热心去研究它。在国外，有些学者转向濒死者的死亡经验去进行问卷调查。接受问卷调查的濒死者，大多有死去又复活的体验死亡经验，从其报告或回答的问卷资料，可以经由统计、分析的系统方法，推知死亡者的死亡过程。

依据多位研究者的调查研究，特别是美国国际濒死体验研究会（International Association for Near Death Studies）的会长林格（K.Ring），认为死亡的过程大致有以下几个层次。

第一个层次：死亡者在昏睡中，呈慈祥、平和状。

第二个层次：死亡者心跳停止，灵魂脱离肉体。

第三个层次：死者的灵魂，飘游至黑暗隧道。

第四个层次：见到强烈的白光，超越时空的界限。

第五个层次：进入光的世界，告别尘世。

上述五个层次的死亡过程，只是依据濒死者在尚未真实死亡时，就模糊体验过的死亡经验所作的概括性报告，当然，其可信度如何并不能得到充分保证。因为，濒死者在尚未真实死亡时，如何能体验死亡的经验？人死后，真有灵魂脱离肉体的奥妙事件吗？灵魂果真能飘游至黑暗隧道，并且随后见到强光吗？总之，它只是濒死者在梦境中所体验的濒死经验，不是真实死亡时，人人普遍呈现的死亡过程。不过，它仍旧可作为研究"死亡过程"的第一手参考资料。

自然界的生物，有生，必有死；有死也必有生，这是自然演化定律，即便是开天辟地的神，也无法掌控改变。人是血肉之躯，既然有了生命，可以活到八九十岁，甚至一百岁以上，但是它也一样受着自然定律的支配，终有一天，当肢体的功能已衰退，寿命老到不能再撑持下去的时候，死亡便来临。死亡，虽是每一个人都排斥的、不受欢迎的人生过客，但是既然谁也无法幸免，无法永生不死，那么，当自己的岁数逐渐增高，躯体的老化逐渐明显，我们只好泰然地面对死亡，让死亡来结束我们这一生。

二、现实的死：人工死亡

现代人要"自然死去"已经非常难了。不管一个人是不是在"自然而然"的状态下去世，死亡都会被视为非正常、非自然。因为现代人大都是在医院中经过各种治疗，然后才被宣告"因……疾病医治无效"而死亡。即使不是在医院中死去，人们也习惯地将"死"这件事视为是某种疾病所致，而不是"自然而然"的事。

（一）死亡变成可预期的技术事件

在传统社会，死亡时间完全是生命自然流程的内在表现，不存在将生与死绝对分开对待的时间界限。由此，死亡来临也不会给人们带来多大的震撼。但是，随着现代医学技术和诊断标准的发展，死亡时间成为了一个可以预期的时间。比如，一般说来，癌症患者能存活一个月到半年，甚至可能更长的时间；但是，可以肯定的是，大多数患者都不可避免地要步入死亡这条不归之路。

死亡时间来临的可预期性，明明白白地告诉我们，即使现在你还活着，但是，不能抱任何希望了，你必须由希望转入绝望。这就意味着，一方面，患者本人只能"数着日子"过日子，随时感受到死亡阴影不断加深所带来的极度恐怖；另一方面，亲属和朋友们也只能眼巴巴地看着患者一天不如一天而无能为力，心如刀绞，哀痛与日俱增，没有止息。

传统社会，尤其是中国农村社会，家庭是寿终正寝的理想之地。除了暴力死亡或被视为凶死的死亡之外，正常死亡、好死、善终都是发生在家里的。"善终"是中国传统讲的"五福"之一，其中又分为："小善终"是无疾而终；"中善终"不仅无疾而终，而且是无憾而终；

"大善终"则是不仅无疾、无憾而终，而且自觉自己所终。即使是最基本的"小善终"，所呈现的"终"的状态也是：濒死之时，躺在老屋里的老床上，子孙环绕，亲朋好友探视，不慌不忙地沐浴、更衣、交待后事，最后在浓厚的亲情、乡谊的安抚中"安然"瞑目。这叫作"寿终正寝"。

在传统社会，一个人的自然生命衰老到了一定程度，按其正常的速度终止了它的存在，通常也称之为"天年已尽"，因而"无疾而终"或"寿终"。死亡在根本上是"自然死亡"。但是，现代人已远离了自然死亡，死亡变成了技术死亡。人们在强制性的医疗照管之下、"不能不把死亡看作一种疾病"。就像医学鉴定书上说的"经抢救无效死亡"，死亡不再是自然的生命流程而是技术干预失败的结果。在现代社会，老年人无疾而终的事是不被承认的。在中国人口的死因统计中，寿终或老死同样是不作为死因的。

美国著名医生舍温·纽兰指出，在现代社会，老年人无疾而终的事是不被承认的："美联邦政府发表它的《死亡统计预测报告》，从该报告的前15项死亡原因中，或从其他任何无情的一览表中，都找不到一个项目适合某些刚过世的人；《报告》异常整齐，它把80～99岁的人所患的特有的一些致命的疾病在病因中列出来。即使死亡年龄为3位数的人也逃脱不了制表人的分类术语……作为一名持有行医执照35年的医师，我从未鲁莽地在死亡证明书上写过'年老'一词，因为我知道，如果这么填写，这份表格将退回给我，并有某位官方记录保管人的简要附注，通知我，我已违反了法律。世界上任何地方，无疾而终都是'不合法的'。"[①] 在中国人口的死因统计中，寿终或老死同样是不作为死因的。可以说，在现代社会，"自然死亡"似乎已经被人为地从我们的观念中、医疗体系中给剔除了。

---

① ［美］舍温·纽兰.我们怎样死：关于生命最后一章的思考［M］.褚律元译.北京：世界知识出版社，1996：41.

（二）死亡在"抢救"中失去尊严

传统社会人们所企盼的死亡状态，是生命"自然而然"的终止，而不是可预期的"技术上"的结束；是一种个人自然生命尽管结束，但其血脉亲情的人文生命仍然在家庭、家族甚至家乡永存的状态。在这种情况下，个人之死，绝不是完全的毁灭；相反，个人之死这个事件，因为家人的"在场"，成为家庭、家族"大生命"延续的一个独特环节。这样一种对待死亡的观念和方式，在相当程度上减轻了死亡带给死者的孤独、无助感，也在一定程度上可以减轻对死亡的恐惧。

但是在现代社会，由于生活方式、生活场景的变化，以及人们对死亡的观念的变化和医疗技术的发展，死在家里的人越来越少了，而越来越多的人不得不"选择"死在医院。医院让死亡与人们的日常生活之间隔了一堵墙。因为对于死在医院里的人（患者）来说，特别是最后被送进ICU抢救并在抢救中"抢救无效"而死亡的人来说，死亡是不可能在"亲情温暖"的氛围中完成的，而只能是一个孤独的、痛苦的过程。

在现代医疗条件下，人们的死亡大都经历千篇一律的过程并以同样的方式呈现：在医院抢救室里，经过各种痛苦万分的抢救之后"不治身亡"，然后医院签署"死亡证明书"，死者被送入太平间，最后送上解剖台和焚尸炉。

由于在死者生命的最后阶段，都在忙于"抢救"，使得逝者常常来不及或根本没有机会交待后事；而生者也没有机会表达对逝者的情感。因此，人的死亡状态，不再具有温情脉脉、亲情盈然的伦理特性和社会生命属性，而只是纯粹个人肉体的心跳停止、脑功能和其他生理功能衰竭等的技术性事件。如此，传统中国人所期待和向往的"善终"，已经不再可能了——因为死只是个技术判定的"终"，而不具有"善"性了。

与此同时，现代技术也强化了人们的死亡恐惧。相比于传统社会，现代医学科学技术的发达程度，已经可以在很多情况下挽救许多人的生命，从而使人在技术支持下免于死亡；但即使如此，医疗仍然对一些疾病，比如癌症、艾滋病等，束手无策。可是，尽管无法治愈这些疾病，医疗技术却可以延长患者的生命时限；如此，便增加了患者"自觉"地"步向死亡"的时光。换言之，医学通过药物和技术手段，可以人为地延长患者"数着日子过活"的时长。在这段知道自己要死亡到最终死亡的时间里，一方面，患者因为无法治愈，感受到死亡阴影的迫近，无时无刻不浸透于浓厚的死亡气息之中；另一方面，由于特别清晰的自我意识，又大大增加了对死亡的恐惧和由此而感受到的强烈的痛苦；再一方面，绝望的患者亲属怀揣渺茫的希望，拼尽全力与金钱，同不可避免的死亡抗争，更增加了他们的负担与哀恸。

（三）"拥有"与"丧失"太多

客观上说，人的死亡，便是与世间一切割断联系。中国民间谚语曰"生不带来，死不带去"。正因为有这样一种"割断"，人的"死"就意味着失去在这个世界上所拥有的现实的一切——人死时的痛苦，大部分就是源于这种"丧失一切"所呈现的可怕与可悲。

相对于"过去"而言，现代人拥有的东西要更多而且更好；不管是所拥有的物的数量还是质量，现代人都要远远多于和高于古代人。在生之时，拥有越多，似乎也带来更多因为"拥有"而获得的快乐和幸福感受；相应地，到死之时，拥有越多也就意味着失去越多，由"丧失一切"所带来的痛苦也就越甚。

总体上说，相比于古代人，现代人所拥有的物质财富和人际关系都要丰富得多、复杂得多；由此，不可避免的是，因为死亡而引起的"丧失一切"的痛苦也就更大、更剧。因为拥有越多，人对"生"的依恋也就越甚，也就对所拥有的一切越难割舍；由此，当死神不可避免地降临，人不得不"丧失一切"时，人也就不可避免地遭受更大的痛苦。正是由于这样一种因为"拥有"和"丧失"所呈现的生与死的辩证关系，引起了现代人更大的死亡恐惧。

有研究者通过观察临终前病人的生命状态发现，"老年人涉历艰辛，十分向往安度晚年。中年人多有妻子儿女、白发父母，虑及自己死后上不能尽孝送终老人，中不能与妻子白头偕老、完成自己的事业，下不能为儿女成家立业。青年人则为其美好的恋爱、婚姻和事业之终止而遗憾终生，因而病人极度痛苦、恐惧，从而加速病情恶化和死亡。"①由此可见，不同年龄阶段的绝症患者各有其"丧失"带来的痛苦与恐惧。由于现代医学技术客观上大大延长了患者临终到死亡的时间，给患者提供了"充分的时间"来"思前念后"，对比"拥有"与"丧失"；这种"思前念后"的"对比"，实际上是任由"死神"在"人生"中肆虐，使得人不得不深深地品尝死前的痛苦与恐惧，从而强化了人的死亡恐惧。

（四）"信仰"与"知识"的张力

与此同时，现代人的无信仰状态，也在一定程度上强化了人的死亡恐惧。在传统社会，由于没有丰富的科学知识，人们缺少了对现实世界的理性认知，因而更关心精神及灵魂上的事情；而且，也更加相信古老的传说、神秘的传统风俗或者各种宗教的教义。因此，他们基本上能够用一些神秘的观念或者超验的看法，来帮助自己了解死亡、解释死亡，甚至认识死后世界。对于现代人来说，科学理性的主导，使得人们很难有对死后世界的信仰，因而也就无法了解"死后"自己终将如何；这种对死后世界的无知，也在一定程度上产生死亡恐惧。经验上说，人人都必然死亡，因此，关于死亡的知识，客观上有着最大的社会需求。

但是另一方面，依据科学理性，死亡在本质上又是不可知的；因为人的任何知识都被界定为源于经验，而人活着的时候是不可能有关于死的经验的，人死后又不能言说其"死之经验"，所以，"死"及"死后之事"，都不在人们基于经验建构起来的知识体系之中，而只能存在于知识

---

① 陈蕃，李伟长.临终关怀与安乐死曙光［M］.北京：中国工人出版社，2004：187-188.

体系之外。由此，对于以"知识"为最高标准的现代理性人来说，缺少关于死亡的知识与对死亡的知识需求，就必然造成人们思想上的极度困惑和心理上的高度紧张。这种紧张与困惑，不仅使生者常常处于对于死亡及死后世界的认知苦恼中，也使临终者面对死亡时无所适从，从而强化了死亡恐惧。

从生物意义上说，一个人的"死"实际上包含三重意义的死——无法与他人交流的"社会死"，无法自主饮食或排泄的"生活死"，以及尽了天命的"生物死"。在人类以外的生物身上，这三种死的步调几乎是一致的，而且也是理所当然的。因为对于动物来说，如果因为受伤而遭同伴群体抛下，便容易遭受天敌攻击；无法随心所欲走到有水、有食物的地方，便会陷于何时命丧黄泉都不奇怪的境地。但是，在现代人类身上，三种死有时却有着极大的时间差。一个人即使因病在家、在病房足不出户，人也不会立即死亡；即使无法饮食、排泄，只要借助体内插管或看护的协助，就不会马上死亡；一个无法自主饮食、排泄的人，也曾经有过继续活上30年的先例。很显然，因为"人为的"因素，现代人的死亡已经呈现为一种与常识极其相悖的情况。

在现代社会，"自然死亡"的观念已经在人们的头脑中越来越淡漠了。即使是那些年龄非常大，很明显是因为衰老而死的老人，人们也不认为其死是"自然死亡"。因为，"衰老"在现代社会医疗体系中，已经不被当作"自然现象"，而是被看成由某种或某些病症造成的现象。每一个病人几乎都会被医生使尽浑身解数，用遍所有技术；而对被确诊为终末期的病人来说，这些已无法救命的治疗，不但是一种沉重的经济负担，也是一种沉重的精神负担，更不必说其中的肉体痛苦。这便带来了死亡过程或者说死亡方式中的"尊严"问题。也就是说，现代医学中高新医学技术的发展和应用使得医学干预人类生命与死亡过程的能力大大增强，甚至可以使人"求生不能、求死不得"，从而陷入"不得好死"的尴尬生存境地。这种尴尬的生存境地，使当事人可能失去人的基本尊严。

三、现代医疗与死亡难题

现代医学中高新医学技术的发展和应用使得医学干预人类生命与死亡过程的能力大大增强，甚至可以使人"求生不能、求死不得"，从而陷入"不得好死"的尴尬生存境地。王云岭教授在《现代医学与尊严死亡》一书中对此作了非常精彩的经验与学术分析。

（一）生命维持疗法与延迟死亡

现代医学科技对终末期病人尊严死亡的威胁，最主要的就是来自违背终末期病人意愿的"生命维持疗法"，而生命维持疗法的使用，又是造成延迟死亡的主要原因。生命维持疗法作为现代医疗技术，是指能够延长病人生命的所有医疗干预技术，包括人工呼吸装置、起搏器、鼻饲或静脉营养装置、透析仪、心血管药物等，用于自主呼吸、循环、消化等重要生命功能衰竭的病人。这一整套医疗技术之所以被发明使用，是因为，一些病人必须依赖这些生命支持系统才能生存，一旦撤除这些生命支持措施，病人就会很快死亡，所以这些技术被称为生命维持疗法；有些急性衰竭的病人经过抢救、治疗能够脱离支持系统自主生存，有些病人经过短暂的维持后仍不治而亡；还有些病人能长期依赖药物和机器生存，在那些长期依赖的病人中，有些是神志清楚的，如瘫痪病人、肾脏衰竭病人等，有些是神志不清的，如持续性植物状态病人。诚如作者强调的，客观地讲，病人从生命维持疗法中获得的好处是有限的；更为客观的说法是，生命维持疗法主要对那些急性器官衰竭病人度过危险期是有益的，而对终末期病人好处有限。

因为"生命维持疗法"的使用，"死亡"就成了并非生命存在的"自然"事件，而是可以"延迟死亡"。延迟死亡一方面反映了现代医学视死亡为人类敌人的不当职业理念；另一方面反映了现代医学情境下人们对技术的盲目崇拜心理。

延迟死亡状态的问题在于使病人人格受辱、尊严受损。"延迟死亡"这一用语意味着，在应用生命维持疗法的情况下，死亡没有按照正常程序发生；对终末期病人来说，这意味着使用生命维持疗法并不能改变病人迫在眉睫的死亡命运，却造成了对死亡过程的医疗干预。正是这种暂时的"不死"状态，使得问题变得十分复杂，以至于伦理学家和立法机构都不得不陷入纠结。

在传统中国社会，基于对"善终"之福的追求，人们在心理上是更愿意接受"自然死亡"的。依古人的观点来看，在生命维持技术下勉强生存的终末期病人的状况，不仅不能满足人的日常欲望，而且还被痛苦、孤独、压抑、丧失感、恐惧感等折磨，人格受辱，尊严丧失殆尽。依据这种思想，在现代医学情境下，实际上就是主张对终末期病人不使用人工手段勉强延长生命，而是让其自然死亡。可是，现代医学情境下的实际情况却是，总是希望对终末期病人运用各种"生命维持疗法"，从而塑造出让人颤栗的"ICU病人形象"。

（二）终末期病人的"ICU病人形象"

"ICU病人形象"这一用语，是用来描述终末期病人在现代医学技术背景下生存状态的概念。这一用语中的"ICU病人"，并非专指在ICU接受重症监护的病人，而是指以此类病人为代表的接受现代医疗干预的病人。在这类病人身上，我们能窥见被高新科技武装起来的医护人员是如何像对待物品一样地操控置身于现代医学手段下的病人的最后生命过程的。现代社会中的终末期病人常常处于这样的生存状态：身上插满管子，身体极度衰弱，床头的心电、脑电监视仪器时刻向医护人员报告着他的生理指标，鼻饲管供应着他赖以为生的营养，呼吸机给他提供着氧气。他不能活动，哪怕一个微小的翻身动作也不可能。周围没有亲人陪伴，除非在很短的时间里得到医院的特许。这就是所谓的"ICU病人形象"。

很多人这样孤独地死去，而这正是多数身处于现代工业社会的人们的死亡群像。对大多数人来说，这样一种死亡前景显然是不合意的。一方面，这种具有延迟特点的死亡过程，会令病人经历较长时间的痛苦；另一方面，终末期病人"ICU病人形象"的存在状态，也无法让病人继续实现人生价值和体验生活本身的幸福，因而对于当事人来说毫无意义。

可是，现代医学的巨大成就，加上人们对死亡的天然排斥心理，使得医学对死亡的斗争实际上受到了社会各界的支持。因而，现代社会的人们也越来越倾向于"延迟地"死在医院里，而不是"自然地"死在家里。医院似乎已经成为现代社会最标准的死亡地点。

在传统医学情境下，由于没有现代社会复杂的医疗技术与设备，垂危病人不会经历令人难堪和难以忍受的濒死抢救过程。他们甚至不去医院，而是死在家里。死亡之前，周围亲人环绕，他可以及时向亲人表达愿望，或者安排后事，并与亲人告别。

而现代医学情境下，所有垂危病人必须接受复杂的濒死抢救过程，病人死亡前对后事的舒缓处理让位于生物医学技术对病人生命的匆忙抢救，环绕病人周围的亲人被忙碌的医务人员所代替。实际上，与那些死在家里的人相比，死在医院里的人们更多地意味着受尽孤独、压抑，他们没有亲戚朋友相陪，丈夫们和妻子们很少有机会对他们濒死的配偶说"再见"；同时，他们还必须忍受各种难以忍受的医疗程序的折磨而最终死亡，在这一过程中，尊严丧失殆尽。

ICU帮助了许多呼吸、循环衰竭重症病人渡过了难关，是现代医学技术成就的重要标志；但是，这种技术同时也造就了现代医学的冷漠，医患关系的物化、冰冷和缺乏人情味。终末期病人之所以陷入这样一种"不得好死"的无尊严死亡状态，根本原因在于现代医学的异化及其导致的病人主体地位的被消解。

（三）医学异化与病人主体性的消解

现代医学日益表现为一个庞大的技术体系，现代医学建制则表现为一种工业化的医疗保健程序。在现代医学情境下，终末期病人不能决定自己的医疗事项，甚至不能安排自己的剩余时光。其主体地位丧失，死亡的尊严被消解。在现实情境中，病人在医疗机构琳琅满目的机器和器械面前，总是难免产生畏惧和胆怯的心理。而面对自己几乎一无所知的各种诊断、检查和治疗程序，病人也自然会产生一种自我丧失感。用哲学的话语说，当一个人躺在检查床上接受CT照射扫描或者被B超探头从身体某个部位划过时，病人的身体，连同他们自己，都成为了实实在在的、医务人员和他们所操纵的器械下没有生命和知觉的客体。

这种完全消解了病人主体地位的医疗情形实际上就是"医学的异化"。因为现代医学以追求尖端技术的研发和使用为发展目标的做法，严重违背了医学的本来目标，根本上忽略了人的价值。这种忽视集中表现在现代医学体系中医务人员消解病人主体性的两种行为——见物不见人和见病不见人。

所谓"见物不见人"，主要是指医务人员在诊疗行动中只关注那些诊断、检查、治疗仪器及其所提供的数据信息，而较少甚至根本不关注病人的情绪、感受、个性、人格等人性价值的行为。医务人员的"见物不见人"，在诊疗行动中只一味埋头于数据信息中，而忘记了自己面对的是一个有主体价值和丰富情感的活生生的人，这会使医患交流出现障碍，从而导致医患关系的物化现象；而医患关系的物化，则可能割断医务人员与病人的精神联系和情感交流；由于医务人员只见各种物化的报告和数据，对作为"人"的病"人"视而不见，自然会消解病人的主体性。

所谓"见病不见人"，主要是指医务人员在诊疗行动中只关注病人的患病部位、病理变化、病变原因、病程转归等，而较少甚至根本不关注作为病痛承受者的病人的情绪、感受、个性、人格等人性价值的行为。医务人员"见病不见人"，病人作为"人"的"整体性"就被现代医学所肢解，病人的情感、人格、尊严等主体价值在这种被肢解中统统消失殆尽，主体性同样被消解。

这种对病人主体性的消解，对终末期病人来说几乎是灾难性的。因为终末期病人对自己痛苦的表达和满足自己主体需求的呼吁往往被视为类似神经质的无理取闹，而难以唤起医务人员的有效回应。医务人员的医疗干预仍然按照既定的程序有条不紊、按部就班地进行。这种状况使得终末期病人往往不再能够对如何处置他们、如何安排他们最后的生命时光发表任何意见或者做出决定，而彻底沦为毫无自主性和尊严的"被操控"的"医疗对象"。

由于病人的主体地位被消解，对于终末期病人来说，"ICU病人形象"似乎就成了他们无法逃离的"被动选择"；可是另一方面，病魔所带来的痛苦以及"ICU病人形象"所呈现的无尊严与孤独，又是一个有自主的自我意识的病人不愿意完全面对和接受的。因此，如何让终末期病人摆脱这种矛盾和冲突，既是面对"现代医学情境"获得"尊严死亡"必须解决的问题，也是我们每一个个体生命自己必须要面对的"死亡准备"。

四、有准备的死：向死而生

现代社会的人之所以需要死亡准备，而且死亡准备变得如此迫切，并不完全是因为"生命老化"带来的生命死亡的自然使命。其实，更为根本的是，随着现代社会和现代科技的发展，人们的生命与死亡发生了很多根本的变化，出现了很多自己无法掌控而又不能"顺乎自然"的生死难题，这些难题逼迫人必须做相应的死亡准备。与此同时，理解"生"，未必彻悟"死"；唯有透视"死"，才能好好地"活"。借由濒死经验的学习和死亡准备，也有助于培养恬淡的生活态度，涵养悦乐的生命襟怀。

（一）学习死亡与建构合理生活态度

死亡一般被分为三个阶段：（1）濒死期：主要特点是脑干以上神经中枢功能丧失或深度抑制，表现为反应迟钝、意识模糊或消失。各种反射迟钝或减弱，呼吸和循环功能进行性减弱。（2）临床死亡期：主要特点是延髓处于深度抑制和功能丧失的状态，各种反射消失、心脏停搏和呼吸停止。后两者认为是临床死亡标志。（3）生物学死亡期：是死亡的最后阶段。此期各重要器官的新陈代谢相继停止，并发生不可逆性的代谢，整个机体不可能复活。

人们对死亡的了解和研究，除了想象外，一个重要的依据便是经历了濒死期的"濒死者"的体验。濒死体验，顾名思义，是指人在垂危直至死亡那一刻的体验，主要是这个人在那一刻的主观体验。能够说出濒死体验的那些病人都是被医生从垂危状态成功复苏的病人。濒死体验的研究者们希望通过这种研究能够发现人死后的世界是什么样子，而且要证明，人死并不像人们想象的那样可怕，并且以此提高濒死病人的晚期生活质量。

伊丽莎白·库布勒·罗斯的《论死亡和濒临死亡》是一部拓荒性的作品。作为心理分析医生，罗斯长期研究病人临死前的状况和心理活动。她主张坐在病人身边，倾听病人诉说他们的心里话。她把死亡过程分成五个心理阶段：否认与孤立（拒绝），愤怒，挣扎（讨价还价），沮丧（消沉抑郁），接受。这一观点现在已被广为接受，甚至变成了常识。

国际濒死体验研究协会提出濒死经验的五阶段论：幸福与欣快感；脱体状态的灵魂出窍；进入黑暗或隧道，时空感觉顿失；与亲朋好友相聚；进入光的世界，与宇宙合而为一。典型的濒死体验有：突然感觉平和宁静，痛苦不复存在；脱离肉体，飘然而去，从全新的视角（通常是从上方）看问题；情感上得到解脱；飘向远方，通常到另一房间或大楼，去观察那里的情形；常以令人难以置信的速度被拖进黑暗的隧道，但光明就在前面，感觉越发轻盈，越来越快乐，充满爱意；在隧道出口处碰到某个人，常常是已经死去的亲戚或朋友，但有时也可能是宗教人物和"人形光影"；此人把他带到一个美丽的大花园内，那里可以听到美妙的音乐，碰见已故的亲人，甚至上帝；接着可能是回顾一生，有人说他们的一生像放电影一样闪过，他们会看到自己做错了什么，了解他们来到地球上的目的；被告知要返回地球，通常是因为时辰未到，或还有未竟的事业。

当然，对于濒死经验或者濒死体验，也有很坚决的反对者。一方面，几乎可以肯定，没有任何两个人的濒死体验完全一致，而且有些在内容方面差别相当大；另一方面，报告濒死体验的人们实际上都并没有死，因此那些报告的内容只不过是活人的梦幻罢了。

也有比较中道的观点，认为所有濒死体验都是记忆的回归。比如，濒死体验中"穿过了一个隧道"，是一个一定会出现的意象，即回归母体进入胎儿期的通道；濒死体验中"平和、宁静"感，则因回归母体的愿望得以实现所致；"天堂、上帝"，对应的是"母体、母亲"；许多人说的"这次经历改变了我的整个一生"，因为一生的回归母体的欲望终于在梦中如愿以偿，在心满意足之余，获得审视人生的新观点。

不管人类是否能够合理地解释濒死体验现象，只要人们承认濒死体验在人的临终阶段是普遍存在的，那么就给人类征服死亡的恐惧提供了一个心理支柱：死亡并不可怕，而且在某种意义上，那是一次奇妙的生命之旅；濒死与死亡都是人类生命的一个必不可少的组成部分。此外，对于多数人来说，濒死体验也许是造物主给予他在这个世界的最后一件礼物。

许多有过濒死经历的人更加感激生命，决心更好地利用第二次生的机会。他们往往更加自信，更有能力应对人生的难题。人际关系变得更融洽，对舒适的物质享受的兴趣减少。有代表性的濒死经历，往往使生还者认识到人生什么才是最重要的，并在往后努力地按照他的这种理解过日子。经历过濒死的人报告，他们对死的忧虑和死的恐惧都戏剧般地减少了，这导致生活目标和价值观的改变，健康、安宁、平和和生活热情的提升。

同时，体验过濒死经历的人们显示出与改变人生的宗教体验相联系的"皈依"故事中的许多特征。濒死不仅是一个心理学事件，它是一个人类的、社会的和精神的事件，不过通常人们忽视患者的精神层面的时候太多了。我们对于死亡和来世的信念可能影响我们或者其他人在临死时所采取的行动。如果我们持唯物主义的观点，把死亡看作一堵墙，我们可能坚持认为维持生命的努力要贯彻到底。相反，如果我们相信死后还会有来世，我们可能更喜欢将死前的最后时光花在为另一种生存模式过渡作准备上。类似的，如果居丧的人相信死后还有来世，他就可以找到安慰。把死亡视为终结的人可能认为，亲人真的去世时会很痛苦；另外一些人可能因为相信他们在肉体死去后还能存在而找到类似的安慰。

总之，通过认识我们自己有关死亡的信条，我们就能够在死亡降临到我们所爱的人身上的时候，更加全心全意地彼此关照。

（二）认识死亡与建立自己的生死观

关于死亡和来世，有两种基本的哲学观点：死亡要么是一堵墙，要么是一道门。

在涉及人死后将发生什么的见解基础上，我们可以设想出许多有所变化的观点。例如，按照基督教徒的观点，我们可以说，死亡看来是一堵墙，而在未来的某种时候（在复活时），它是一道门。印度教的转世投胎观会使人想到死亡是一道门，而不是墙。佛教徒可以认为死亡既是门又是墙，或者两者都不是。有关濒死经历的一种标准的心理学解释可能支持把死亡视为一堵墙，而对死亡的体验则是一道门的观点。或许，这门和这墙只是经历同一种现实时所作的不同选择而已。

尽管有来世的虚构故事、宗教经典的允诺和虔诚信徒的希望，可是我们没有一个人真的知道死后生命是否会继续下去，而且如果有来世，我们也不知道它走向何处或者如何到达来世。

所有人都不知道自己什么时候会以什么方式死。可能因病，也可能因为遭遇地震、火灾等天灾，或卷入车祸、犯罪事件等人祸，这些都不无可能。即使没有特定原因，人也会因衰老而身亡。这样的说法或许听起来有些冷血，但人类的死亡率是百分之百。这意味着，基本上我们"现在当下是最健康的"；也意味着，"我们的健康程度会逐日降低"。如果在日常生活中一直没有意识到死亡，久而久之便会连这么理所当然的事都给忘了，这就是人类。

可是，我们不需要沮丧。因为人有特别的自觉意识。反正人终将耗尽精力死去，我们更应该将自己想做的事情一件件付诸实行。我们总希望帮助一位临终者完成他未了的心愿，帮助他实现他人生的愿望。将这样的心理和自觉意识用到没有罹患疾病的我们自己，我们也可以这样问自己："在人生的最后，我想做什么？"

想想自己"人生最后的愿望"，对我们来说总是没有任何损失的。不如说，我们愈早思考这样的问题愈好。过了五十岁之后，就应该更加具体地思考这个问题。因为从生物学的角度来看，人在过了五十岁之后，死亡何时造访都不奇怪。在愈早的阶段开始准备，就愈能提升实现自然死亡、无憾离世的可能性，这一点毋庸置疑。如果不为死亡做准备，事到临头可能让你后悔不已。因此，为了那"关键时刻"，我们好好认真思考一下"自己的谢幕方式"是十分重要的。

比如，如果无法自行进食，连续使用经皮内视镜胃造口（在腹部开洞插入胃管以摄取水分及营养的方法）十年以上，你觉得会发生什么事？因肌肉或关节长期处于痉挛状态或因缺乏活动，导致肌肉萎缩、关节扭曲僵硬，进而造成功能障碍及疼痛，会发生全身挛缩，手脚彷彿是相缠的绳圈一般扭曲交缠。事实上，有许多病人就是在这样的状态下失去自主意识的，家属也只好全权委托医院或是疗养院。如果病人可以在演变成这样的状况之前，认真思考"那一刻"的事，例如，"我不要做胃造口""我不要进行维持生命的医疗处置"，很显然，就不会出现这样不幸的人了。也就是说，一个人是否提前思考自己的"死"，有可能左右他

"活着"时的样貌。

有许多人都认为"我至少能够活到平均寿命"。这样的正面思考当然是好事，然而，如果一直都这么想并固执地坚持这一信念，那么，一旦遇上紧急状况，就只能是茫然失措。不仅如此，你甚至还会很难接受自己所处的现状。所以，如果你已经年过五十，就开始回顾自己过去的人生，培养面对死亡的思考；然后，认真思索"我还有没有想做却未做的遗憾""临终片刻我想做什么"等问题；接着提醒自己，尽可能实践浮现在你脑海里的事情。如此一来，你活着的时间会更加充实，人生的最后一幕也必能在心情平稳的状态画上句点。

现实世界形形色色。有人即使是癌症末期，被宣告只剩几个月的生命，他一样能够面带微笑，开心度过剩下的每一天。也有人一辈子直到临终都活得有尊严，在家人的守护下安详咽气。这些人都有清楚的生死观，也就是说，有自己明确的关于生和死的想法，身为一个人，他们的生、死都很体面，甚至让人感觉到庄严之美。

如果你无法想象自己人生的最后一刻，那么也可以将思考的内容换成"人生结束之前我想做的十件事"。想好十件事情之后，可以记录在笔记本或是其他地方，从"现在立即可行之事"开始着手，一步步付诸实行。如果意识到自己不知道什么时候会变成什么样子，振奋自我的力量便会从内在涌出。只要有这样的干劲，几乎所有的愿望都能实现。

其实，生与死并不是对立的两极，也不是相异的两件事。生与死的关系是一脉相连的。所有人的生命都一样，"生"如河流一般连绵不断，最后以"死"来画下句点。如果以文字来表达的话，不是"生死"，而是"生生生生生生死"这样的形式。

正因为现在是超高龄化社会，医疗水平大幅跃进，所有人才应该重新认知死亡，这件紧接在连续的生之后会发生的事。但是，还是有不少人认为生和死就如同硬币的正反两面。因此，一旦听见自己罹患癌症，他们会感觉自己的人生彷佛从"正面的生"，被强制翻到"反面的死"。更糟的情况甚至会固执地认为"死是忌讳"，一直想着"我不要到另外一个世界去"。如果能有更多人恢复人类原本的思考逻辑，在得知罹患重病时，就能够减少陷入恐慌、眼前一片空白的情况。改变对于"死亡"的想法，"生命"也会跟着改变。

（三）死亡权利与自觉的死亡准备

"死亡权"作为现代医疗科技逼迫出来的一种权利，本质上也是一种"天赋人权"。这种"天赋""人权"表明，人的生命是一种"向死而生"的过程，我们不仅需要清清楚楚地"生"，也需要明明白白地"死"。这就需要我们在还可以"自主"的时候为死亡做好准备，以避免自己"无意识地"丧失掉自己对"死亡权"的自主性。

一方面，我们要接受自然来临的"死亡"。生命是有死性存在，因此，当死亡"自然地"来临时，我们应该"自然地"接受它，让它成为我们生命的真正的一部分。并且，面对自然来临的"死亡"，我们可以通过有意识地去体验它，从而建构起人自我内在的尊严，因为他不需要因为对"死后世界"的恐惧而导致自己人格尊严受损。

另一方面，我们又要尊重知情权。不管是医生还是病人，亦或是我们这些"非病人""非医生"的普通人，都应该坚信，自主性是人之为人的基本特征，因此，当我们面对相关情况，需要有"生死选择"的时候，保证当事人（病人）的知情权，由他自己思考、判断、抉择，是十分重要的，是对他的人格完整性的最大尊重。当然，具体个案需要我们对其人格的一种准确直觉。

为了落实死亡权利，掌握自己的生命归途，"生前预嘱"这个既陌生、厚重又前沿的理念开始被人们关注和接受。生前预嘱是指，人们事先，也就是在健康或意识清楚时签署的，说明在不可治愈的伤病末期或临终时要或不要哪种医疗护理的指示文件。签署生前预嘱的委托人一旦身处不可治愈的病痛末期或临终时，可以选择放弃使用那些只是在延长死亡过程而生存毫无质量的生命支持治疗，比如人工呼吸器、心肺复苏术或喂食机器等，让生命自然逝去，也就是尊严死。

　　1976年8月，美国加州首先通过了《自然死亡法案》，允许不使用生命支持系统来延长不可治愈患者的临终过程，也就是允许患者依照自己的意愿自然死亡。此后，美国各州相继制定此种法律，以保障患者医疗自主的权利。这项法律允许成年病人完成一份叫作"生前预嘱"（living will）的法律文件，只要根据医生判断，该病人确实已处于不可治愈的疾病末期，生命支持系统的唯一作用只是延缓死亡过程，医生就可以通过授权不使用或者停止使用生命支持系统。当然，这项法律还规定，"生前预嘱"必须至少有两位成人签署见证，这两个人不能是患者的亲属和配偶，也不能是患者的遗产继承人或直接负担患者医疗费用的人。在加州通过《自然死亡法案》后，1991年12月，美国联邦政府的《患者自决法案》也正式生效。这项法案的内容也是尊重患者的医疗自主权，通过预立医疗指示，维护患者选择或拒绝医疗处置的权利。

　　由于对需要签署的协议内容的长时间思考，"生前预嘱"在帮助家人了解病人本身无法表达的想法的同时，也能使签署者在身体健康时从容地考虑和安排自己的身后事。而且，由于对于相关问题的深入思考，"生前预嘱"的签署还可能改变自己对死亡的想象，改变自己面临死亡时的谈话内容和方式，甚至改变自己对生命的看法。对于生前预嘱的签署者来说，他们不仅能在事先对自己履行最后的责任，更能在病重和临终时得到善良的对待；他们不仅能要求缓解身体的痛苦，更能在精神上得到极大的安慰；他们在生命尽头感受到了爱与关怀，感受到个人的意愿被尊重，他们的亲人也因此更能面对他们的死亡。

　　为死亡准备的另一个主要内容是遗嘱。人的生命不只是自己的，而是存在于关系中的，具有明显的社会性。亲情、友情、爱情以及一般的人情关系，甚至人与自然环境、社会文化、物质财富等，都构成我们生命存在的重要内容。"生前预嘱"重点在于表达我们在面对死亡时，对于自己自然肉体生命是否愿意以及如何承受相应治疗痛苦的一种自主选择；"预立遗嘱"则重在表达我们在面对死亡时，对于自己社会生命的一种自主选择。

第三章

生前预嘱

——临终事项的自我准备（上）

一、"生前预嘱"与死亡准备

生前预嘱作为一种临终事项的自我准备，实际上是一种"医疗事前指示"，因此，就核心内容而言，也可以称之为"医疗预嘱"，它是指在我们因为种种原因不能做出与医疗及临终相关的决定时，可以按照我们提前提出的想要或者不想要的某些意愿来做出行动决定。

（一）生前预嘱的最初期待

"生前预嘱"最早是在20世纪70年代开始出现的。一些罹患恶性疾病的患者，趁自己能做出决定时，对自己所患的恶性疾病是否愿意接受治疗或接受某些特别的治疗，向医生、家人和朋友表达自己的想法。最初，"生前预嘱"并没有固定的格式，也没有法律效力，它只是一份让病人表达治疗意愿的文件。

何以会出现这样的一种表达病人治疗意愿的文件？客观上说，这种早期的生前预嘱往往是出于以下顾虑：一方面，是考虑到自己可能在不久的将来没有（或者说会丧失）能力参与相关的决定；另一方面，是担心自己可能会因为疾病被转移到陌生的环境中，那里的人们可能有对病人治疗方案的专业建议，而患者自己的意愿和决定往往会因此被忽略或者否定。

为了解决这些顾虑和担心，早期的"生前预嘱"通常会明确地表达订立者的愿望并附有他的签名，要求自己的意愿能够被医护人员尊重；同时也表明，在某些特殊的情况下，自己要能够承担责任。其实，"签名"所代表的自己承担责任，也可以说是对执行预嘱的医护人员的一种保护，使他们可以免于因为执行了预嘱而被控告，免于相关的民事赔偿或者刑事起诉。可以肯定地说，生前预嘱从它出现的时候起，就代表了尊重患者对于生死问题的个人意愿，同时对患者的相关重要决定的表达制定规则，并将这些意愿表达传达给其他（相关）的人。

即使在西方世界，最初的"生前预嘱"也是没有法律效力的。由于"生前预嘱"没有法律保护和限制，这就导致了个人和组织可以随心所欲地制定规则。逐渐地，人们开始制定"生前预嘱"的标准格式和语言，将生前预嘱的核心理念和内容确立在表达病人在自己的病情没有治愈希望的情况下，对单纯为了延长生命的治疗持有坚持或者放弃的意愿，以及对采取相关的限制止痛治疗的意见。

"生前预嘱"与安乐死没有必然的联系，它并不能直接决定是否执行安乐死或者协助性自杀等。大多数情况下，他们会很明确地写出，"我不希望采取极端手段直接放弃生命，但也不希望盲目地延长临终的过程"。多数生前预嘱基本上是对某种干预手段（特别是一些人为延长生命的手段）的回避。实际上，这些干预手段已经不再属于疾病治疗的范畴了。因此，患者签署生前预嘱，只是希望自己的临终过程可以顺其自然，而不需要人为地延长生命及伴随的痛苦；同时，对于由于疾病而引起的疼痛，患者可能要求缓解疼痛，尽管缓解疼痛可能会加速生命的终结。

（二）"生前预嘱"的相关法律规定

1976年，美国加利福尼亚立法机关颁布了第一部《自然死亡法案》（Natural Death Act），允许不使用生命支持系统来延长不可治愈患者的临终过程，也就是允许患者依照自己的意愿自然死亡。这部法案也可以称为"生前预嘱"规定，因为这项法律允许成年病人完成一份叫作"生前预嘱"（living will）的法律文件，只要根据医生判断，该病人确实已处于不可治愈的疾病末期，生命支持系统的唯一作用只是延缓死亡过程，医生就可以通过授权不使用或者停止使用生命支持系统。

这项法律还规定，"生前预嘱"必须至少有两位成人签署见证，这两个人不能是患者的亲属和配偶，也不能是患者的遗产继承人或直接负担患者医疗费用的人。"生前预嘱"通常应拷贝一份存放在病历中，作为患者的医疗资料。这样，医生根据病人的"生前预嘱"不使用或停止使用生命支持系统，对病人的死亡就不再负有任何法律责任。病人授权医生不使用或停止使用生命支持系统而死亡，也不再被看作是自杀，并且不影响其家属领取保险赔偿。

综合《自然死亡法案》的内容，其规定主要涉及以下方面内容：

（1）可以签署生前预嘱的人的情况；

（2）这些文件必须具有法律效力；

（3）哪些干预手段是可以被患者接受或拒绝的，例如，以治疗为目的的干预手段，可以同意或拒绝添加营养剂或者补水成分；

（4）文件签署者有权在任何时间，以口头或者书面形式取消之前订立的生前预嘱；

（5）要求医护人员或者遵守患者的生前预嘱，或者放弃对患者的治疗权，将其转交给其他人员处理（这样做是受法律保护的，但是不这样做，理论上不但要承担医疗事故责任，还有可能面临处罚，甚至被吊销执照）；

（6）一些可能会导致患者死亡的做法，如果合乎法律规定，则不被视作以保险为目的的自杀。

除了《自然死亡法案》这样的"生前预嘱"规定，还有一些机构也提出了一些相关的法规模式。这些法规进一步丰富和拓展了生前预嘱的相关事项，扩大了早期的生前预嘱的覆盖范围，并对患者代理人的权限做出了更加明晰的确认：

（1）所有有民事行为能力的成年人和心智已成熟的成年人都可以签署生前预嘱，而不仅限于将死之人；

（2）适用于所有医疗干预措施，而不仅限于那些有可能被患者拒绝的干预措施；

（3）允许患者指定代理人决定以下情况；

（4）要求医护人员遵守患者的生前预嘱，制止不遵守的人；

（5）对于拒绝其他治疗的病人，也应该享受止痛干预措施。

1991年12月，《患者自决法案》在全美正式生效。这项法案的内容也是尊重患者的医疗自主权，通过"预立医疗指示"，维护患者选择或拒绝医疗处置的权利。从这以后，所有参与美国联邦政府社会医疗保险和贫困医疗补助计划的医院、养老院及各护理机构，都必须以书面告知方式，让成年住院患者知道他们自己拥有这种选择的合法权益。

在加州通过《自然死亡法案》后，类似的法律在美国50个州和哥伦比亚特区通过。在那里生活的人们只要愿意，都可以通过签署"生前预嘱"，按照个人意愿选择病危或临终时要或不要哪种医护治疗方法。包括使用或不使用生命支持系统。越来越多的人知道自己享有这种权利，并运用这种权利追求更自然更短暂的"自然死亡"。为引起社会关注并推广这个新观念，1993年，当时的美国总统克林顿与夫人希拉里曾双双签下自己的"生前预嘱"。

1996年新加坡制定了《预先医疗指示法令》，并于1997年7月实施。

我国台湾地区在2000年5月通过了《安宁缓和医疗条例》，条例允许患者在疾病终末期拒绝心肺复苏。2015年12月18日，台湾地区通过《病人自主权利法》。法案正式规定，未来台湾地区民众可以"预立医疗决定"，末期病人、植物人、极重度失智等患者，经医疗评估确认病情无法恢复，医师可依病人预立意愿，终止、撤除、不进行维持生命的治疗或灌食。其中，医疗机构或医师不用负刑事与行政责任。《病人自主权利法》的提案人杨玉欣，本身是一位罕见疾病患者，也是台湾生命教育理论体系的建构者、台湾大学孙效智教授的夫人。这是亚洲第一部病人自主权利专法，确保病人有知情、选择、拒绝医疗的权利，回归以病人为中心，让人了解尊严与自主的内涵。

2004年香港法律改革委员会代作决定及预前指示小组委员会发布咨询文件，对所有可行方案进行比较研究之后，做出保留现有法律并以非立法的方式推广"预前指示"概念的结论，同时提出了在香港地区建议使用的"预前指示"表格。

二、"生前预嘱"与死亡尊严

得知自己已经走上生命归途，也就是死亡即将来临，对谁来说都是一个艰难时刻。但是，尽早知道这个事实也许会有另外的作用，那就是可以让我们"向死而生"，振奋自己的精神，让自己在余下的日子里过得尽可能舒服、安宁和有意义。"生前预嘱"就是以独特的选择将死亡召唤到当下，让自己体验到在死亡即将来临时希望做什么或不做什么、怎么做或不怎么做。

（一）生前预嘱提示我们直面死亡

从前的人大多死在家中。中国人习惯把"生老病死"视为生命轮回中必不可少的阶段，所以大多数人都能平静接受这种自然死亡。后来，社会进步、科技发达，越来越多的人死在医院。20世纪六十年代以来，随着心肺复苏等急救技术的日臻成熟，在各种高科技手段辅助下，专门用于救治危重病人的加护病房更是普及。医疗高科技使死亡的自然状态受到侵扰。现在，我们司空见惯的现象是，在医院里，越来越多临终病人被越来越复杂的人工设备滞留在死亡过程之中。生命支持系统看上去似乎是延长了人的寿命，但它在耗费了巨额钱财之后，到底使临终者的生命质量提高还是降低了呢？对这个问题，即使在医疗界也存在巨大争论。

人在临终时不能安详离开，反而要忍受心脏按摩、气管插管、心脏电击以及心内注射等惊心动魄的急救措施，无论怎么说也是一种痛苦。即使措施得当，急救成功，他们往往也不能真正摆脱死亡，而很可能只是依赖生命支持系统维持毫无质量的植物状态。如今，成熟的医疗技术可以轻而易举地把这种状态维持数天数月数年，甚至数十年……

"安乐死"曾作为解决临终痛苦的良方被提出。法律意义上的"安乐死"，是指病人为了结束病痛折磨，在医生协助下用致命剂量的药物实施的无痛哭致死术。由于"安乐死"涉及了积极致死行为，所以，从它被提出的那一天起就遭到许多人的反对和质疑。由于被担心滥用，各国政府在制定有关法律的时候也都如履薄冰。到目前为止，在通过安乐死立法的国家荷兰和比利时，为了减轻人们对"安乐死"的怀疑和反感，也只是在法律中规定，医生在特定情况下对末期病人施行无痛苦的致死术后不受法律的追究。

"生前预嘱"作为当事人在自主状态下的选择，当事人对列出的内容进行自主选择，既可以说明自己不要什么，如临终时的心肺复苏、气管插管；也可以说明自己要什么，如充分止痛、舒适，等等，这就给人们如何面对自己的临终生命状态提供了一个提前思考的机会，也提供了一个自主的抉择权利。

实际上，"生前预嘱"的内容可以非常详细，比如，列出如下一些详细的内容：

我希望我的嘴唇和口腔一直保持湿润。

我希望定期温水沐浴，所有时间里身体都保持洁净无气味。

我希望能得到个人护理，如修胡须、剪指甲、理发和刷牙，直到它们会引起我的疼痛和其他不适……

我希望尽可能有人陪伴，当死亡来临时要有人和我在一起。

我希望尽可能有人拉着我的手和我说话，尽管我可能看不见听不见，也不能感受到任何接触。

我希望被和善、快乐地而不是被悲伤地护理。

我希望有我喜欢的画或图片挂在病房接近我床的地方。

如果我不能控制我的肠道或者膀胱功能，我希望床保持干净，如果它被污染了请尽可能快速更换……

我希望家人和朋友把我的死亡视为每个人都必须经历的生命过程，

这可以使我的最后日子变得有意义。

我希望家人和朋友对于我的死亡有困扰的话接受心理咨询，希望对我的记忆能给他们享受而不是遗憾……

（二）生前预嘱与安宁缓和医疗模式

许多美国人认为，《五个愿望》完全改变了他们对死亡的想象，改变了他们面临死亡时的谈话内容和方式，甚至改变了他们对生命的看法。他们不仅能在事先对自己履行最后的责任，更能在病重和临终时得到善良的对待。他们不仅能要求缓解身体的痛苦，更能在精神上得到极大的安慰。他们在生命尽头感受到了爱与关怀，感受到个人的意愿被尊重，他们的亲人也因此更能面对他们的死亡。

"生前预嘱"在维护临终尊严的时候并非单打独斗，它有个忠实的好伙伴，就是被称为"安宁缓和"的医疗模式。它和其他医疗模式最大的不同是，不再以治愈疾病和延长病人生命为目的，而是围绕让病人临终感到舒适开展工作。

"安宁缓和"就是承认自然死亡无法避免，就是承认许多疾病无法治疗。这两点"承认"，是人对自己和生命本质深刻思考的结果，是医学的巨大进步，因为它承认了医学并非万能。

现代缓和医疗由一位可敬的英国女士西塞莉·桑德斯于20世纪60年代创始。1967年，桑德斯女士在伦敦建立了圣·克呈斯多弗护理院。这被认为是全球第一家缓和医疗机构，至今享有盛誉。1987年，缓和医疗被英国卫生管理部门正式确定为一门独立的临床医学专业，这一决定得到政府和社会各界的广泛支持。在以后的世界里，基础教育、继续教育和缓和医疗团队建设逐步完善，法律、保险、社会支付，也渐成体系。近30年来，多数西方国家和部分亚洲国家，还有中国的港澳台地区都逐渐建立了自己的安宁缓和医疗机制。这些国家和地区无一不是借鉴了桑德斯女士创建的英国模式。

世卫组织发布对"安宁缓和医疗"这一概念的定义和原则，也大大推动了学科建设和临床实践。这帮助缓和医疗获取了更多的政府支持和社会认同。

1990年世界卫生组织明确提出安宁缓和医疗的三原则：重视生命并认为死亡是一种正常过程。既不加速，也不延后死亡。提供解除痛苦和不适症的办法。

这些原则与医学伦理学中最重要的"有益、尊重、不伤害"三原则相互呼应，保护了那些即使放弃生命支持系统或某些极端治疗的人，在生命末期也并不是消极等死。因为它郑重承诺：对临终者的身心痛苦和一切不适提供有效的缓解和姑息治疗。

缓和医疗是一种提供给患有危及生命疾病的患者和家庭的，旨在提高他们的生活质量及面对危机能力的系统方法。通过对痛苦和疼痛的早期识别，以严谨的评估和有效管理，满足患者及家庭的所有（包括心理和精神）需求。

一般来说，缓和医疗遵从以下原则：

提供缓解一切疼痛和痛苦的办法；

将死亡视为生命的自然过程；

既不加速，也不延缓死亡；

综合照顾患者的心理和精神需求；

用系统方法帮助患者过尽量优质的生活，直至去世：

用系统方法帮助患者及家庭应对面临死亡的危机；

以专家协作的团队满足患者及家属需求，包括丧亲辅导；

提升存活质量，积极影响疾病过程。

有时也适用于疾病早期与其他疗法，如化疗或放射共同使用以达到延长生命的目的，从而更好地管理并发症带来的所有痛苦。

当全世界仍然在死亡的阴影中讨论"安乐死"是否应合法化的时候，"生前预嘱"使那些处在生命尽头的人沐浴在一片阳光中。而有了安宁缓和医疗的加入，"生前预嘱"可以成为临终时普照众生的太阳。因为，一种不涉及积极致死行为又给病重和临终者带来最大限度舒适的愿望，正在世界范围内成为现实。"生前预嘱"和"缓和医疗"正彻底改变那种认为"安乐死"是人们面临绝症痛苦时唯一选择的想法和做法。

（三）与家人讨论自己的生死观

生前预嘱的撰写过程，实际上是一个自我生死观探讨和建构的过程。因此，如何充分与家人讨论自己的生死观，并与家人沟通自己生前预嘱的内容，既是一次生死教育，也可以避免在生前预嘱执行过程中遭遇自己的生前预嘱无法得到落实的局面。

对于生死的认识，关于个人"生死观"的建构，不应该只是在生病以后才来讨论。在自己身体健康时，主动提出"死亡"话题，并"提早准备"，这样更可以避免不必要的痛苦。而且，这种对生死的认识和建构，不应该只是装在自己的心里和脑子里。因为一个人的生死并不只关系到他自己，而是更多地关系到他的亲人。所以，当你在脑海里最终梳理出自己的生死观之后，就要争取在平日里尽量说给自己的家人听。因为到了死亡变得具体而确切的阶段，你和家人都可能无法冷静下来好好说话，这个时候的交流就不一定理性和顺畅。

每一种疾病都有它自己的一系列难题和挑战，而每一个人也都在用他自己独特的方式解决问题。人们怎样应对疾病，这是由个性、气质、家庭和社会以及周围环境决定的。社会学家在观察家庭相互作用的过程中注意到，家人在应对危及生命的疾病时，交流有关濒死的认识环境有4种特殊的模式，分别是封闭式认识环境模式、怀疑式认识环境模式、假装式认识环境模式、开放式认识环境模式。

在封闭式认识环境里，濒死者并不知道他正在走近死亡，虽然周围其他人可能清楚这一点。这种环境以家庭缺乏有关患者疾病或者其死亡前景的信息交流为特征。

在怀疑式认识环境里，一个人怀疑自己的疾病牵涉到死，但是这种猜测未得到知情者的证实。在探询其他人了然却没有公开的信息的努力中，濒死者可能通过向家庭成员、朋友和医务人员打听，试图进一步确定或者否定自己的怀疑。患者注意到在家庭交流模式方面的混乱情况，不顾由其疾病引起的信息封锁，以及其他人对这种病情的担忧，往往会坚持去证实他的猜疑。

在假装式认识环境里，犹如一支舞曲，跳舞者回避直接谈论患者的病情。这可能导致复杂的，虽然通常是不言明的行为规则，它们旨在维持患者正在好转的假象。包括患者在内的每一个人都承认结果将是离开人世，但是他们言谈举止却全都表现为好像病人会康复的样子。彼此假装可能一起继续生活，甚至在这种假装式的规则偶尔遭到破坏，而患者的真实病情可能暴露的时候。

在开放式认识环境里，人们既承认死亡，也讨论死亡。开放式认识并不会使死亡变得容易接受，而是它允许人们有机会以在其他认识环境里不可能得到的方式彼此支持。当患者或者家庭成员获悉有关疾病发展的新信息时，情感认知可能发生变化。例如，在接受一连串的医疗检查的过程中，彼此假装模式可能占主导地位；在得出新的检验结果后，有关各方可能开始坦率地承认疾病是致命性的。随着环境的变化，情感认知可能改变。

最理想的状况，是可以在日常生活中，把自己对死亡的理解、看法、期待等，当作一个普通话题来聊。如果家人之间从来没有谈论过这样的话题，你可以自己主动开始谈论你对死亡的想法。如果你是家中年纪最长的，大家自然会心知肚明，因为，一般情况下你将是最早离世的人。家人因为对尊长的尊敬而有所顾虑，或许从他们的立场很难主动提及这个话题。

至于谈论的方式，需要自然，而切忌生硬。千万不要一开始就说，"我有重要的事情要跟你们谈"。与家人谈论自己对死亡的看法，不需要在如此严肃的气氛下具体讨论。你可以找个契机，例如在自己的生日或者其他家庭成员的重要喜事的时刻，若无其事地开始谈论关于生命的一些想法。在谈过几次自己的生死观之后，就可以提及具体的内容，例如，"将来无法自主饮食时，要不要做经皮内视镜胃造口"，或是"已经没有意识的时候，还要不要输液"，等等。如此一来，你就可以更容易将自己的想法传达给家人。而他们也会针对你的想法，表达确切的感想或意见。

当然，就算所有家人针对自己人生谢幕的方式达成了结论，经过一段时间之后，难免有些人的想法会改变。事实上，也完全有可能有人在当时并没有说出真心话。因此，平日里就要反复谈论这样的话题。即使亲如亲子，如果不从平常多聊积淀共识，在关键时刻是很难有共识的。如果没有说出自己所期望的迎向生命终点的方式，在治疗和医疗处置的所有方面都有可能发生问题。

比如，当医生向重度失智症患者确认意向，询问"你同意我们现在进行××处置吗"。此时，无论患者是点头还是摇头，医生都很难判断他是否是在理解问题的情况下做出回答。因此，只要得到家属同意，几乎所有医生建议的治疗或是处理方式就会开始执行。此时，如果家属也没有一定的主见，签下了许可书"同意医生建议"，那么，就算之后反悔，也是覆水难收。最糟的情况是，没有人希望进行的治疗或是医疗处置，到最后还是被执行了，而这对患者而言意味着承受不必要的痛苦。

因此，如果想笑着迎向生命的终点，就从思考善终的方式开始着手。同时，将自己的想法传达给家人等重要的人。并在此基础上，确立自己的生前预嘱。

三、生前预嘱的中国办法

随着西方生前预嘱观念及缓和医疗模式的传播，以及中国人对生命品质、死亡品质提高的向往，诞生于西方的生前预嘱及缓和医疗逐步被有"善终"传统的中国人所接受，并逐步被推广。

（一）生前预嘱的推广

在中国极力推广"生前预嘱"并提供了生前预嘱中国办法的，是北京生前预嘱推广协会及其创办的"选择与尊严"网站。

北京生前预嘱推广协会（Beijing Living Will Promotion Association，LWPA）是一家成立于2013年6月25日的公益社团组织，发起单位为中国医学科学院北京协和医院、首都医科大学复兴医院、航天中心医院、中国医学论坛报社、北京市天元律师事务所等；业务主管单位为北京市卫生局。

北京生前预嘱推广协会（LWPA）是在创办于2006年的"选择与尊严"（choice and dignity）公益网站的基础上成立的。作为中国大陆第一家推广"尊严死"的公益网站，它结合中国国情，推出了供中国大陆居民使用的"生前预嘱"文本"我的五个愿望"，并建立了生前预嘱注册中心，使公民注册、使用"我的五个愿望"及保存、检索等日臻完善。2018年，协会又推出了"我的五个愿望"微信注册版。

北京生前预嘱推广协会的主要任务：在主管部门领导下，与发起单位一同承担起生命教育之责，继续推广"尊严死""生前预嘱"理念，使"生前预嘱"文本"我的五个愿望"具有可实施和可操作性，使公民能够真正通过"生前预嘱"实现"尊严死"；继续扩大"选择与尊严"公益网站的社会影响力，并与其一同将已经取得的推广成果落地、实施，即将与之配套且利国利民的缓和医疗纳入工作重点，在创立缓和医疗学科（学会）、寻求国家保障制度上开展工作，以期有相应保障制度的缓和医疗机构尽早落地并惠及全民。①

"选择与尊严"网站不仅刊登相关消息，而且提供了《生前预嘱十讲》《缓和医疗十讲》等详细介绍生前预嘱和缓和医疗理念的宣讲资料，以及专家讲堂、网络慕课等学习资料。同时，在网站上设置了专门的"预嘱注册中心"，每个人都可以通过自由注册，填写自己的"我的五个

---

①　"选择与尊严"网站。https://www.xzyzy.com/。

愿望"。2018年初，更推出了非常方便的"掌上我的五个愿望"，通过微信应用，让尊严死、生前预嘱、安宁缓和医疗观念可以非常方便地进入到每一个人手中。

生前预嘱推广协会所推出的给中国人使用的"我的五个愿望"是一份内容丰富的文件。它并不只是让您对在生命末期是否适用生命支持系统做出选择，而是提到了许多您可能从来没有想过的，有关在最后日子里如何能减少痛苦、如何能保持尊严的问题，对这些问题，"我的五个愿望"尽可能提供不同的选择。比如您可以选择在生命末期不使用生命支持系统，但也可以选择使用。"我的五个愿望"传递的最重要的信息是：无论您如何选择，您都是对的。用另一种说法说出就是，这份文件所能表达的最重要原则，就是没有原则。

"我的五个愿望"目前只是由公益网站推出的文本，还不能像在美国和一些国家和地区里已经做到的那样，由政府资助的注册中心，统一管理，统一使用。对于何时能通过医疗教育，将告知和执行"生前预嘱"作为必修课，让其成为临床工作中被专业人员共同遵守的医疗常规，更是遥遥无期。

但是，即使在这种不大令人鼓舞的情况下，如果您有勇气填写和签署这份名叫"我的五个愿望"的生前预嘱，它还是能让许多人因为知道您到底要什么，而在您身处困境、要求尊严的时候帮助您。

推广使用"生前预嘱"和填写签署"我的五个愿望"，并不能使任何人类生死难题变得轻松，它也不是任何意义上的灵丹妙药。这种做法不仅不是"最好"，甚至也不是"更好"的，唯一可以肯定的是它提供了多一点的选择空间，让人们在危机来临时能对"好死"和"善终"多一点信心和想象。它能使更多人在生命归途上显得比较有准备和比较有尊严。

（二）"五个愿望"的生前预嘱文件

"生前预嘱"通常是一份表格化文件，当事人对列出的内容进行选择，既可以说明自己不要什么，如临终时的心肺复苏、气管插管；也可以说明自己要什么，如充分止痛、舒适等。1997年，佛罗里达尊老协会创立了一个新的文件叫作"五个愿望"，这个文件整合了很多生前预嘱和医疗委托书的优势，非常易于理解使用，设计个性化，也非常全面。

这份文件的第一页是这样写的："这是给亲朋的礼物，这样他们便不用再为你究竟需要什么而猜来猜去。"人们填写"五个愿望"来表达自己的对以下问题的期望，以及提供相关的建议：

（1）当我自己不能做出决定的时候，我想委托谁帮我决定；

（2）在弥留之际，或者昏迷甚至是受到严重的不可复原的脑损伤时，或者还有一些不需要人为维持生命的情况，我想要或者不想要哪些医学治疗；

（3）可以选择自我感觉舒服的方式；

（4）希望旁人如何对待自己；

（5）我需要让亲人知道哪些事情。

由于"五个愿望"备受欢迎，美国律师协会协助拟定了一个改良的版本以达到受法律保护的目的。此后，有600万份这样的文件被分发到各地相关部门，在美国38个州和哥伦比亚特区有效；其他的州和地区则将其视为可以帮助患者提供给其家人和护理者的护理指导。

完整的"五个愿望"文件及所附使用指导视频和手册可以在各地的尊老协会拿到，只需要支付一点象征性的费用即可。生前预嘱作为自己提前自主安排自己不能自主时所需要或不需要的医疗及相关事宜，因此，内容上更多考虑的是我们作为一个自然生命如何在临终之时依然可以享有生命的尊严。

中国版的"我的五个愿望"是由北京生前预嘱推广协会制作并以"选择与尊严（http://www.xzyzy.com/）"网站为平台进行推广，文本参阅了美国非营利组织Aging with Dignity名为"五个愿望"的文件的中译本。

"我的五个愿望"是一份内容丰富的文件。它并不只是让您对在生命末期是否适用生命支持系统做出选择，而是提到了许多您可能从来没有想过的，有关在最后日子里如何能减少痛苦、如何能保持尊严的问题，对这些问题，"我的五个愿望"尽可能提供不同的选择。比如您可以选择在生命末期不使用生命支持系统，但也可以选择使用。无论您如何选择，您都是对的。

"我的五个愿望"是一份容易填写的表格式文件。当您因为伤病或年老无法对自己的医疗问题做决定的时候，它能帮您明确表达一些重要的医疗意见。譬如在什么情况下要或不要什么医疗服务，使用或不使用生命支持治疗等。在给中国人使用的"我的五个愿望"文本可以直接在《选择与尊严》网站和微信公众号填写。

现将部分文本附录于此，以了解生前预嘱的内容。

我的五个愿望

我要或不要什么医疗服务
我希望使用或不使用生命支持治疗
我希望别人怎样对待我
我想让我的家人和朋友知道什么
我希望谁帮助我

姓名：

出生年月日：

填写之前请明确

一、务请仔细阅读。如对其中陈述或术语不甚清楚，请弄清楚后再填。

二、您在这份表格中表达的愿望只有在以下两种情况同时发生时才被引用。

1.您的主治医生判断您无法再为自己做医疗决定。

2.另一位医学专家也认为这是事实。

三、无论您如何选择都是"对"的。没人能在伦理道德上批评您。

四、如您改变主意，文件中所有已填写的内容可随时修改和撤销。

五、填写和使用这份文件是您本人意愿。

六、填写和履行这份文件与"安乐死"无关。

七、填写和履行这份文件不违反任何中华人民共和国现行法律。

八、填写和使用这份文件免费。

第一个愿望：我要或不要什么医疗服务

我知道我的生命宝贵所以希望在任何时候都能保持尊严。

当我不能为自己的医疗问题做决定时，我希望以下这些愿望得到尊重和实行。（请勾选，可复选）

☐ 1.我不要疼痛。希望医生按照世界卫生组织的有关指引给我足够的药物解除或减轻我的疼痛。即使这会影响我的神智让我处在朦胧或睡眠状态。

☐ 2.我不要任何形式的痛苦，如呕吐、痉挛、抽搐、谵妄、恐惧或者有幻觉等，希望医生和护士尽力帮助我保持舒适。

☐ 3.我不要任何增加痛苦的治疗和检查（如放疗、化疗、手术探查等），即使医生和护士认为这可能对明确诊断和改善症状有好处。

☐ 4.我希望在被治疗和护理时个人隐私得到充分保护。

☐ 5.我希望所有时间里身体保持洁净无气味。

☐ 6.我希望定期给我剪指甲、理发、剃须和刷牙。

☐ 7.我希望我的床保持干爽洁净，如果它被污染了请尽可能快速更换。

☐ 8.我希望给我的食物和饮水总是干净和温暖的。

☐ 9.我希望在有人需要和法律允许的情况下捐赠我的有用器官和组织。

（如以上内容不能表达您愿望的全部，请在以下空白中用文字补充或进一步说明。如果没有，可空着不填）

_____

_____

_____

第二个愿望：我希望使用或不使用生命支持治疗

我知道生命支持治疗有时是维持我存活的唯一手段。但当我的存活毫无质量，生命支持治疗只能延长我的死亡过程时，我要谨慎考虑我是否使用它。

注意！当我要求不使用生命支持治疗时它只包括（请勾选，可复选）

□ 1. 放弃心肺复苏术。

□ 2. 放弃使用呼吸机。

□ 3. 放弃使用喂食管。

□ 4. 放弃输血。

□ 5. 放弃使用昂贵抗生素。

以下是在三种具体情况下我对要或不要生命支持治疗（我已经在上面规范了它的范围）的选择。

生命末期

如果我的医生和另一位医疗专家都判定我已经进入生命末期（生命末期是指因病或因伤造成的，按合理的医学判断不管使用何种医疗措施，死亡来临时间不会超过六个月的情况），而生命支持治疗的作用只是推迟我死亡的时间。（请勾选，不可复选）

□ 1. 我要生命支持治疗。

□ 2. 我不要生命支持治疗，如果它已经开始，我要求停止它。

□ 3. 如果医生相信生命支持治疗能缓解我的痛苦，我要它。但要求我的医生在认为对我已经没有缓解痛苦作用的时候停用它。

不可逆转的昏迷状态

如果我的医生和另一位医疗专家都判定我已经昏迷且按合理的医学判断没有改善或恢复的可能，而生命支持治疗的作用只是推迟我死亡的时间。（请勾选，不可复选）

□ 1. 我要生命支持治疗。

□ 2. 我不要生命支持治疗，如果它已经开始，我要求停止它。

□ 3. 如果医生相信生命支持治疗能缓解我的痛苦，我要它。但要求我的医生在认为对我已经没有缓解痛苦的作用时停用它。

持续植物状态

如果我的医生和另一位医疗专家都判定我由于永久严重的脑损害而处于持续植物状态，且按合理的医学判断没有改善或恢复的可能，而生命支持治疗的作用只是推迟我的死亡时间。（请勾选，不可复选）

☐1.我要生命支持治疗

☐2.我不要生命支持治疗，如果它已经开始，我要求停止它。

☐3.如果医生相信生命支持治疗能缓解我的痛苦，我要它。但要求我的医生在认为对我已经没有缓解痛苦的作用时停用它。

（如以上内容不能表达您愿望的全部，请在以下空白中用文字补充或进一步说明。如果没有，可空着不填）

_____

_____

_____

第三个愿望：我希望别人怎么对待我?

我理解我的家人、医生、朋友和其他相关人士可能由于某些原因不能完全实现我写在这里的愿望，但我希望他们至少知道这些有关精神和情感的愿望对我来说也很重要。（请勾选，可复选）

☐1.我希望当我在疾病或年老的情况下对我周围的人表示恶意、伤害或做出任何不雅行为的时候被他们原谅。

☐2.我希望尽可能有人陪伴，尽管我可能看不见听不见也不能感受到任何接触。

☐3.我希望有我喜欢的图画或照片挂在病房接近我床的地方。

☐4.我希望尽可能多地接受志愿者服务。

☐5.我希望任何时候不被志愿者打扰。

☐6.我希望尽可能在家里去世。

☐7.我希望临终时有我喜欢的音乐陪伴。

☐8.我希望临终时有人和我在一起。

□9.我希望临终时有我指定的宗教仪式。

□10.我希望在任何时候不要为我举行任何宗教仪式。

（如以上内容不能表达您愿望的全部，请在以下空白中用文字补充或进一步说明。如果没有，可空着不填）

_____

_____

_____

第四个愿望：我想让我的家人和朋友知道什么？

请家人和朋友平静对待我的死亡，这是每人都必须经历的生命过程和自然规律。你们这样做可使我的最后日子变得有意义。（请勾选，可复选）

□1.我希望我的家人和朋友知道我对他们的关切至无不渝。

□2.我希望我的家人和朋友在我死后能尽快恢复正常生活。

□3.我希望丧事从简。

□4.我希望不开追悼会。

□5.我希望我的追悼会只通知家人和好友（可在下面写出他们的名字）。

（如以上内容不能表达您愿望的全部，请在以下空白中用文字补充或进一步说明。如果没有，可空着不填）

_____

_____

_____

第五个愿望：我希望谁帮助我？

我理解我在这份文件中表达的愿望暂时没有现行法律保护它们的必然实现，但我还是希望更多人在理解和尊重的前提下帮我实现它们。我以我生命的名义感谢所有帮助我的人。

我还要在下面选出至少一个在我不能为自己做决定的时候帮助我的人。之所以这样做，是我要在他／她或他们的见证下签署这份"我的五个愿望"，以证明我的郑重和真诚。

（建议选择至少一位非常了解和关心您，能做出比较困难决定的成年亲属做能帮助您的人。关系良好的配偶或直系亲属通常是合适人选。因为他们最合适站在您的立场上表达意见并能获得医务人员的认可和配合。如果能同时选出两个这样的人当然更好。

他们应该离您不太远，这样当您需要他们的时候他们能在场。

无论您选择谁做能帮助您的人，请确认您和他们充分谈论了您的愿望，而他或她尊重并同意履行它们。）

我在由我选定的能帮助我的人的见证下签署这份文件。

我申明，在这份表格中表达的愿望在以下两种情况同时发生时才能被由我选定的能帮助我的人引用。

1. 我的主治医生判断我无法再做医疗决定。

2. 另一位医学专家也认为这是事实。

如果本文件中某些愿望确实无法实现，我希望其他愿望仍然能被不受影响地执行。被我选定的能帮助我的人是

姓名＿＿＿＿＿＿＿＿　　与我的关系＿＿＿＿＿＿

联系地址＿＿＿＿＿＿　　联系电话＿＿＿＿＿＿＿

签署人姓名（签名）：

手机号码：

固话号码：

电子邮箱：

邮政地址：

签署日期：

姓名＿＿＿＿＿＿＿＿　　与我的关系＿＿＿＿＿＿

联系地址＿＿＿＿＿＿　　联系电话＿＿＿＿＿＿＿

签署人姓名（签名）：

手机号码：

固话号码：

电子邮箱：

邮政地址：

签署日期：

被选中人声明：

本人（签名）_____兹声明该签署本文件之人（以下称签署人）与本人讨论过这份表格中的所有内容，并于本人在场时签署并同意这份"我的五个愿望"。

签署人神志清楚，未受到胁迫、欺骗或其他不当影响。

日期：

这份文件可供阅读和传播。

如您希望使用，建议您登陆选择与尊严网站www.xzyzy.com，按照指引进行线上注册"我的五个愿望"电子文本。当您完成注册后，您所留的电子邮箱将在第一时间收到注册成功的确认通知。我们会在以后的日子里指引您正确使用这份文件，有关我们对注册会员所提供免费服务的详情，敬请登陆选择与尊严网站。如遇任何问题请登陆网站给站长信箱留言。

"我的五个愿望"由"选择与尊严http://www.xzyzy.com/"网站制作本文件参阅了美国非营利组织Aging with Dignity名为"五个愿望"的文件的中译本。

如想了解本次志愿活动和选择与尊严网站，请取阅《归途运温暖生命尊严》。

如想了解更多有关临终问题，请取阅《秋叶静美，随风而逝》。

本次活动所有费用来自个人捐赠，推广材料亦由志愿者精心设计制作。

望您今后不要轻易丢弃，请给第二个愿意阅读的人。

第四章

预立遗嘱

——临终事项的自我准备（下）

一、预立遗嘱与死亡准备

　　人的生命不只是自己的，而是存在于关系中的，具有明显的社会性。亲情、友情、爱情以及一般的人情关系，甚至人与自然环境、社会文化、物质财富等，都构成我们生命存在的重要内容。因此，一个人的死亡并不只意味着自己自然生命的结束，而是会带来一系列生命关系的变化。由此，死亡准备就必须同时面对自己一生所创造的这些社会化的生命存在。

（一）预立遗嘱的意义

　　人的生命长短与生死存亡，不是人人可以预料，也不是人人可以掌控的。所谓"天有不测风云，人有旦夕生死"。人的生死，正好比不测的风云，当风云骤变，人的生死命运，就在旦夕之间，如尘埃落定。生者侥幸存活，容或苟延残喘；而死者则肢体僵硬，已不省人事。

　　人是血肉之躯。人的血肉之躯，既然承继了父母的血缘而萌发了生命，便逐渐发育、成长，并在正常的呼吸、心跳、血液循环、新陈代谢、摄取营养等肉体功能的运作之下，继续存活下去，直至机体功能衰退，血液循环停滞，脑干失去活力，于是人的肉身便面临死亡，所以，人既有生（即生命），便有死（即肉体的死亡），这是千载不移的自然定律。

　　人的死亡，除了久病等少数情况外，大多是在猝不及防的情况下发生的。人的生命一旦消逝，肢体一旦僵硬，接着就会面临一系列的相关问题，比如如何处理遗体？捐赠可用的器官给急需移植的病患吗？捐赠遗体给医学院作为解剖教学或制作人体标本吗？遗体在失去可利用的价值后是采取火化还是土葬？如果有财产，那么死后财产该如何分配？具有继承财产权者又该如何合理继承？如果生前有未清债的债务，死后又当如何处理？是否可以就此一笔勾销？或者仍由其子女或其他具有法定继承权的亲属代为清偿……

假定死者生前没有留下任何片纸只字交待相关事宜，那么，在其死后，子女及其他亲属便不知如何处理遗体、分配遗产以完成其心愿。而如果死者在生前能够预立遗嘱，那么，其亲属在其死后对其身后事便能依照其所立遗嘱妥善处理，而不至于茫然不知所从；也不至于违背死者自己的意愿；更不至于因遗产的继承与分配而酿成子女或有关亲属之间的相互龃龉，反目成仇，甚至大打出手，互不相让，掀起民事上的诉讼。因此，预立遗嘱乃是每一个人面对死亡需要做的最重要的准备之一。任何人只要有行为能力，便应该学习预立遗嘱。

遗嘱是一种表达一个人的意图和愿望的法律文件，用于处理他身后的财产。它是一个人的个人遗产即金钱、资产以及其他所有物死后将怎样进行分配的法律声明。

遗嘱是一件有价值的工具，它可以计划我们的遗产并将资产交付给我们的后代和受益人。遗嘱可授予立遗嘱人（制订遗嘱的人）一种不朽的声望，因此可以认为遗嘱是死者最后的话，是一件对他的遗产进行分割的法律工具。

此外，遗嘱可以激发强有力的感情，体现着立遗嘱人对他的后人的情感和意愿。与遗嘱和继承有联系的法律义务可能对在世者产生有益的或者不利的影响，可能影响对亡灵悲伤的强度或进程。人们通常认为遗嘱只是分配财产的一个工具，也许忽视了它对立遗嘱人及其后人双方所具有的安慰作用，有时甚至是治疗作用。

晚期病人及其家人可以请人帮助探究其恐惧、情绪多变以及面对死亡的心理冲突，或者帮助制订一个满足就在前面的可能性的计划。做遗产计划不仅可使在世的人有尽可能完善的经济保障，还有助于确保丧亲者和晚期病人双方都心境平静——有助于后者确信他的事务已经安排就绪。另外，通过准备法律文书，有助于保证濒死者有关器官捐赠的愿望或者预先表达的医疗护理的意愿生效。

过去大家普遍贫困，法律继承方面的规定也不够详尽完备，立遗嘱这种事可以说可有可无。但是随着社会的发展，社会财富积累到一定程度，家产继承、财富传承就成了一个很现实的问题。媒体上经常爆出有名人去世后，家人为争夺财产，打起官司来没完没了。现实中，也有许多家庭为了一份遗产反目成仇对簿公堂。假如老人出于避忌之心不立遗嘱，儿女又因为感情因素或者孝心，不便或者无法提出立遗嘱，那么，余财不仅可能成为财产拥有人的包袱，也有可能成为传给子孙的包袱。

因此，现代社会，立遗嘱既是一个感情问题也是一个法律问题。法律问题当然通过法律途径解决，如果我们这样想，顾虑就会少一些。但另一方面，遗嘱作为一种法律工具，又是建立在道德之上的。从这个角度讲，遗嘱只是一个形式，目的是要回归家庭和亲子关系中最素朴的亲情与爱人之心，以法律形式来化解未来可能出现的家庭矛盾。

预立遗嘱需要讲公平、不偏袒。既要考虑个人情况，也要符合时代新风。有些老观念，诸如财产"传子不传女"，就有悖男女平等原则。而对于先富阶层来讲，假如留过多遗产给子女，容易培养出"二世祖"，反而害了子孙。现代不少西方富豪正是有鉴于此，立下遗嘱只分给后代少量财产，大部分则捐献给公益事业。由此而言，一方面，预立遗嘱很有必要，另一方面，如何预立遗嘱又是一门大学问。

（二）预立遗嘱的范例

预立遗嘱已成为现时代的趋势，也是每一个人死亡准备的必备功课。凡是有行为能力的人，不论男女老幼，均可在生前为自己未来的死亡预立遗嘱，交代后事，托付心中意愿。如此当可安身立命，营造幸福快乐的生活，而不必为未来的命运担忧。

预立遗嘱，没有一定的规范可循。撰写的人，只需要将自己一旦面临死亡，心中有什么意愿、有什么托付，以及如何处理遗体、遗产等事情，以文字表明就可以，不必担心写不好。下面，特别介绍几个范例。

死亡意愿遗嘱：

死亡与成熟或年老一样是一个事实——它是生命必然的现象。如果我有一天无法参与决定自己的未来，就让这份声明代表我的意愿——此刻我的大脑还很清醒。如果将来我的身体或心理伤残的情形没有恢复的希望，我要求让我死去，而不要任何人工方法或冒险的治疗方式让我苟延残喘。我不想病情恶化，依赖他人或忍受无望的痛苦，它们会使我丧失尊严，我对它们的恐惧程度，并不亚于我对死亡的恐惧。因此，我要求仁慈地给我必要的药物，以减少痛苦——即使这会加速我的死亡。我在仔细考虑之后，提出这项要求。我希望所有关心我的人都能感到有道德义务要接受这项委任。我知道这是交代给你们的一个相当沉重的责任，但是这纸遗嘱的目的，就是要解除你们内心的负担，我根据自己坚强的信念，将它加诸我自己身上。

这是一纸词句优美，颇有文学色彩的遗嘱，但太啰唆、太艰涩，不够简明。

捐赠遗体遗嘱：

本人　　已罹患肝癌多年，病情进展至死亡已经不可避免，兹郑重声明，倘若本人不幸病故，愿将遗体无条件捐给××医大，供教学与研究用。

预立遗嘱人：

身份证：

住址：

73

电话：

遗嘱人配偶：

身份证：

住址：

电话：

年　　月　　日

这一纸遗嘱，文简意赅，容易了解遗嘱意旨。

遗产继承遗嘱：

我　　已逾　　高龄，身体虽然健康，无病痛，但自知来日已不多，兹郑重嘱咐，假若有朝一日，我不幸去世，请简办丧仪，将我的遗体火化，并将骨灰安置在××公墓。我的××公司产业，由长子×××承继，××公司产业，由次子×××承继，××存款二笔遗赠给××孤儿院，房屋一栋过户给长女×××。

谨此　嘱咐。

预立遗嘱人

姓名：　　　　身份证：

住址：　　　　电话：

见证人：

年　　月　　日

这一纸遗嘱，是属于遗产继承方面的文书，必须依民法的相关规定办理，同时须见证人两人以上签名，才具有法律上的效力。本遗嘱并非标准规格，仅供参考。

告别父母遗嘱：

爸、妈：真没想到我年纪轻轻就罹患血癌，即将与你们永别了，我多么难过、多么不舍！爸，妈，万一我就这样无声无息地离你们而去，请不要哀伤噢！我知道这是我的命，我没有能力逃避，我只能默默承受，不让眼泪涔涔而下……爸，妈，我安息后，请将我安葬在我日日向往的山坡上，让我能远眺青山绿树，近看湖畔水波，并请在我的墓冢旁植上野花野草，让我能终日与花草为伴，不觉空虚寂寞。爸，妈，原谅女儿的不孝，今生不能孝敬你们，来生再报答吧！

　　女儿　　　绝笔　　　年　月　日

这是一纸有血有泪、令人感伤的遗嘱，遗嘱如能这样书写，那是最贴切、最哀怜、最动人、最能令人同情的了。

二、预立遗嘱的形式与原则

预立遗嘱是具有法律效力的文件，而不是一般的文件。因此，预立遗嘱必须慎重，既要遵循相应的原则和精神表达自己的意愿，也需要按照相应的形式。

（一）预立遗嘱的形式

预立是预先订立的意思，而遗嘱即是遗嘱人在生前就自己的死后遗体如何处理、葬仪如何举办，乃至遗产如何分配等问题所作的嘱咐。从遗嘱的意思表达方式及相应的法律效力看，可以将遗嘱区分为"习惯上的遗嘱"和"法律规定的遗嘱"。

习惯上的遗嘱主要有"遗言"和"遗书"。

遗言，是死者在临终前通过话语向身边亲属表达的意思，内容不外吐露最牵挂的事、未完成的心愿、身后事的处理、遗产的分配，等等。

遗言的内容，大至牵涉国家大事，小至交待未了心愿。虽然在生之人多会依照所嘱，努力以赴，完成其心愿，但是缺乏法律上的效力。假定其遗言涉及财产的继承问题，一旦发生纠纷，因为证明力薄弱、缺乏见证人的见证，其财产的继承只得另寻其他法定途径解决。

遗书，是死者在死亡前，就切身遭遇、亲情感恩、遗体处理、未竟心愿、遗产分配等问题，以通用文字撰成的、于死亡后遗留给在生亲属的文书。

例如，某企业家逝世后，律师将受托的一封遗书交给其儿子拆阅，其内容如下：

> ××吾儿：父亲早年无父无母，孤苦伶仃，幸得孤儿院收容，才不致居无定所、三餐不继，流浪街头；父亲后来能接受完整的学校教育，可说全赖孤儿院院长×××的扶携、督促与栽培，且初入社会、开创事业之际，亦常受其鼓励与协助，是故事业有成时，每每期望能回报于万一，不料事与愿违，父亲晚年后，孤儿院院长×××亦年迈逝世，无能回报，故耿耿于怀。今父亲事业既由吾儿×××继承经营，自当延续父亲遗志，继续发扬光大，切莫奢侈浪费、好大喜功，致倾家荡产，演变成败家子。为感谢孤儿院当初对父亲的收容与栽培，并回馈社会，请于父亲逝世一周年之日，设立清寒奖学金，并捐赠一千万元给予××孤儿院，切记。父亲×××亲笔××年××月××日。

法律规定的遗嘱，尽管也只是遗嘱，但因为按照法律规定，必须有遗嘱人签字，有见证人见证，所以具有相应的法律效力。我国法律规定的五种遗嘱形式（即公证遗嘱、自书遗嘱、代书遗嘱、录音遗嘱、口头遗嘱）中，除自书遗嘱外，都把见证人作为合法有效遗嘱的重要条件之一。因为见证人的证明真实与否直接关系到遗嘱的法律效力。所以法律规定见证人必须具备一定的资格，不具备这些资格不能作为遗嘱见证人，其所见证的遗嘱无效。关于见证人的资格，在我国法律里也有规定。在法律规定的遗嘱中，自书遗嘱是由自书人自书遗嘱全文，记明年月日，并亲自签名。由于遗嘱全文，关系遗产的继承、债权债务的交待、财物的遗赠等，因此，如有增减、涂改，应注明增减涂改的处所及数值，并另行签名。自书遗嘱毋须见证人的签名。

公证遗嘱是由遗嘱人连同两人以上的见证人，在法定公证人前口述遗嘱意旨，包括遗产的继承、财物的遗赠、债权债务的交待，并由公证人记录、宣读、讲解，经遗嘱人认可后，记明年月日，而后由公证人、见证人及遗嘱人同行签名。遗嘱人不能签名的，由公证人将其事由记明，按指印替代。

密封遗嘱是遗嘱人在遗嘱上签名后，将其密封，并于封缝处签名，连同所指定的两人以上的见证人，向公证人提出，陈述其遗嘱确系自己所书写。如非本人自写，应陈述代笔人的姓名、住所，由公证人于封面记明，并记载遗嘱提出的年月日及遗嘱人的陈述。最后由公证人与遗嘱人及见证人同行签名。

口授遗嘱是遗嘱人在生命危急或其他特殊情形下，不能自书遗嘱，在两人以上见证人之前口授遗嘱意旨，由见证人中的一人据实做成纪录，并于遗嘱上记明年月日，与其他见证人同行签名。或者由见证人两人以上，就遗嘱人口述遗嘱意旨、遗嘱人姓名及作遗嘱的年月日，以及见证人姓名，全部予以录音或录像，并将相应资料当场密封，记明年月日，由见证人全体在封缝处同行签名。

代笔遗嘱是遗嘱人在三人以上见证人之前，口述遗嘱意旨，并由见证人一人记录、宣读、讲解，经遗嘱人认可后，记明年月日，及代笔人姓名，而后由见证人全体及遗嘱人同行签名。如遗嘱人不能签名者，按指印代。

不论采用哪一种制作方式的遗嘱，都需要符合法定的形式要件。否则，即失去其法律上的效力，所立遗嘱便形同废纸，特别是牵涉遗产继承的内容，必须依法定程序办理。

（二）预立遗嘱的原则

遗嘱人在设立遗嘱以后，由于主客观原因，可以依法变更遗嘱的某些具体内容，也可以撤销原立遗嘱的全部内容。遗嘱人变更或撤销原立遗嘱，一般应当用原立遗嘱的方式、程序进行，也可以用新立遗嘱变更或撤销原立遗嘱。遗嘱人立有数份遗嘱，内容相互抵触的，原则上以最后所立的遗嘱为准。中国《继承法》第二十条第二款规定："立有数份遗嘱，内容相抵触的，以最后的遗嘱为准。"

预立遗嘱，是生死学及生死教育提倡的新观念、新思想，它是每一个人在生涯规划中必须规划的"死亡计划"，以让自己在死亡后能在后人的协助下完成未了的心愿。这个心愿的内容包括遗体的处理、葬仪的举行、器官的捐赠、安葬的处所、财产的分配等。有了遗嘱的预立，可以促使预立遗嘱人高枕无忧，心无挂碍，安身立命，勇敢面对未来的生死，不哀伤、不怨恨，安详地结束自己的一生。

结合生死学研究的成果，预立遗嘱可以大致遵循以下几项原则。

第一，要现在预立。预立遗嘱既然是生前预先订立死亡后的遗嘱，那么从现在开始，只要你是有行为能力人，就可以着手预立遗嘱，不必等到快死才草草撰写，也不必经法定代理人（如父或母）的同意。你可以仔细考虑后，就死后遗体、器官的处理、未了的心愿等，作一清楚的嘱咐就可以。

第二，要慎重其事。预立遗嘱是计划自己的死亡。换句话说，它是计划自己死后的大事，而不是计划何时死亡、如何死亡的问题。死后的大事很多，如死后身体器官的捐赠、遗体的火化、葬仪的举行、遗产的继承等，都属于遗嘱预立的重点。预立遗嘱，是极其严肃的大事，因此必须慎重其事，不能儿戏。

第三，要文简意赅。遗嘱是由预立的人，运用通用的文字撰写成通顺的语句，用以表达遗嘱的意旨。所以，遗嘱的文词语句，必须文简意赅，一目了然，切勿啰啰唆唆，令人烦厌。例如"我死后，请将我的身体内器官，分别捐赠给急需手术移植的病患；不可以的话，我的身体就火化或安葬在××的山坡上……"这样的表述就显得很啰唆，没有定见。所以，预立遗嘱，要力求文简意赅，浅明易懂。

第四，要字迹清楚。遗嘱的撰写，需要运用通用的文字，亲人才看得懂；同时书写时，要一字一字写端正、清楚，切勿潦草、歪斜，错字越少越好，这样的遗嘱，才有人愿意看，而预立遗嘱的人，才有人格上的尊严。

第五，要表明心愿。预立遗嘱的目的，是在表明死后的心愿，或者是嘱托料理后事，无关紧要的遗嘱，是没有多大用处的。预立遗嘱的人，不一定要高龄、老迈，也不一定要在病入膏肓、无药可治之时。实际上，只要具有行为能力，无论男女老少，人人都可以为自己的未来死亡预立遗嘱，表明死后的心愿、嘱托后事，例如"假若我死了，请将我的遗体，埋葬在山明水秀的湖畔""我若不幸离开尘世，请照顾我的子女""有朝一日，当我老死了，我的遗产就由独子××继承"等，便是遗嘱上所表明的意旨。

第六，要签名作证。遗嘱的预立如涉及财产的继承，一定要依民法的规定办理。除了自笔遗嘱得由自笔人签名，并记明年月日外，凡代笔遗嘱、口授遗嘱、密封遗嘱与公证遗嘱等，都必须有两人以上的见证人签名作证，才具有法律上的效力。

遗嘱作为生前嘱托与吩咐如何处理死亡后遗产及遗体的一种文书，表面上来看似乎无关紧要，没有多大用处，但当个人不幸罹患绝症、重疾与急症面临死亡的命运时，却具有依生前所预立遗嘱处理后事的功效。人生短促，生命无常，一个人在什么时候会突然死亡，不是我们所能预料得到的，所以，预立遗嘱在现时代的社会显得格外重要。

（三）预立遗嘱的修改

预立遗嘱的权利是对私人财产权而不是共同财产权的承认。因此，预立遗嘱者必须有认识这个文件的性质和签署它的后果的心理能力。订立遗嘱时，他必须清楚由遗嘱遗赠的财产的性质和范围，并且有能力确定按照习惯应当加以考虑的人选，他们是否真的应当成为受益人。考虑到这些情况，以及不产生任何重要的误会，立遗嘱者应当神志健全，有能力制定一份合法的遗嘱，还有必须有证人在场和以适当的方式执行遗嘱等几个其他的要求。

订立遗嘱时，邀请家庭成员或者至少自己的配偶一块来预防采取法律行动时可能出现的难题，一般来说这是明智的做法。当生者发现事情不像所期待的，就可能加重悲伤的负担。但是，不是说一个人的配偶必须参与遗嘱的订立。在充满爱心的家庭里，当遗嘱生效时，在财产分割上每一个人至少有所分享，这通常很重要。

正式执行的遗嘱是用于说明一个人死后处分他的财产的意愿的文件。如果准备得很认真，它所反映的意图和表述不仅足以经受得住法庭的调查，而且在表明立遗嘱人对于生前很亲密的人的影响的同时，能够帮助消除生者的精神负担和紧张情绪。

遗嘱并非一锤定音，它应当可以随着立遗嘱人境况的变化而不断修改。遗嘱还可能被废除，被一份全新的遗嘱所取代，或者只是修改其中的某些部分。修改遗嘱是无须整个重写的，只需增加新的条款。遗嘱合法化后，立遗嘱人又增加了有价值的财产，比如一件艺术收藏品，他可能希望为新财产增加一个特别的条款而不必破坏他财产分配计划的其他部分。在很多方面均与遗嘱一样合法的遗嘱附录，可以实现这一目标。所有的遗嘱都应当定期检查，在情况有所改变后加以修改。

三、器官与遗体捐赠

伴随着人们生命意识和死亡态度的变化，越来越多的人对于死后器官捐赠和遗体捐赠持开放的态度。同时，如何处理自己死后的遗体，也始终是我们死亡准备不应该忽视的问题。传统的遗嘱，主要关注的是遗产的处理。但随着生死态度的改变，器官捐赠、遗体捐赠等也逐步成为人们预立遗嘱考虑的内容。

（一）器官与遗体捐赠的意义

器官捐赠是因为有器官移植的需要。人的肉体死亡，很多原因是由于罹患疾病所造成的。疾病的种类虽然很多，但是大部分与人体的器官有关，譬如肝脏的疾病，轻者有肝发炎，重者有肝癌；肺脏的疾病，轻者有感冒、咳嗽，重者有肺痨、肺癌；胃肠的疾病，轻者有消化不良，重者有胃肠癌。而人体器官的疾病，不是由于细菌或病毒的传染，就是由于操劳过度、营养不足，或者是由于暴饮暴食、调养失当，致器官损伤、败坏。人体器官的损伤、败坏与功能消失，在过去，罹病者只能忍受疼痛，等待死亡的宣判；而如今，由于医学技术的进步，只需要将罹病者的某一败坏器官摘除，而移植另一功能正常的同类器官，罹病者即能起死回生，挽回生命。这是现今医学技术的一大突破。

人体内的器官，好比是一部机械的零件，机械要能正常运作，发挥功能，必须零件牢固，没有破损。假定机械的零件，破损或松脱了，便必须更换并固牢，才能避免发生故障。人体内的器官，也是如此。人体的功能发挥，有赖器官的健康、合作，倘若器官发生了病变，亮起了红灯，便必须趁早对症下药，以免逐渐恶化，发生功能的故障；若是某一部分器官已败坏到不堪运作，便必须早早割除，重新移植功能强壮的同类器官，才能挽救人体功能的失调，不致导致人体生命的消失。这便是现时代医学技术所称的"器官移植"。

移植器官必须有丰足的器官来源。在"人工器官"尚未普遍发明、制造、使用、移植成功的先例之前，器官移植的器官来源主要依赖于热心人士的捐赠。但是，热心人士的捐赠器官，是不足以满足众多急需更换器官的病患的需要的。所以，社会必须通过生死学和生死教育多加倡导、鼓励，鼓励"预立遗嘱"，立下"如果我遭遇意外事故不幸死亡，愿将体内器官无条件捐赠给那急需移植器官的病患"的遗愿。

器官捐赠就是当一个人被诊断脑死亡，只能依靠呼吸机和药物维持生命体征时，基于个人生前的意愿且家属的同意，以无偿捐赠的方式，把自己的器官捐赠给濒临死亡、等待移植的病人，让他们的生命得以延续；或者捐赠给医学院校用于医学教学。身体健康的成年人也可以将自己的一个肾脏或部分肝脏捐赠给亲属或配偶。

器官捐赠的范围包括细胞捐赠、组织捐赠和器官捐赠。

细胞捐赠是指从一个健康人的体内提取有活力的细胞群，输入另外一个需要救助的人体内。临床上最典型的就是捐赠骨髓以救助需要骨髓移植的人。

组织捐赠是指将身体的部分组织捐赠给那些需要救助的人。这些组织包括皮肤、眼角膜、骨骼、肌腱、血管、神经等。一位捐赠者可以依照自己的意愿，同时捐赠多种组织给那些等待移植的人。

器官捐赠就是将身体的某个仍然保持活力的器官捐赠给另外一个需要接受移植治疗的人或者医学院校。这些人的病情通常非常严重，而且已经不能用其他治疗方法治愈。

遗体捐赠，是指自然人生前自愿表示在死亡后，由其执行人将遗体的全部或者部分捐赠给医学科学事业的行为，以及生前未表示是否捐赠意愿的自然人死亡后，由其家属将遗体的全部或部分捐赠给医学科学事业的行为。

对社会来说，遗体捐赠对社会医疗卫生事业有极大的贡献。人体解剖、人体器官移植等都需要大量的遗体来源。对个人来说，遗体捐赠是种高尚人格的体现，是一种对自身对社会乃至对自然的一种科学的态度和价值观。人死了之后，身体对本人来说是没有意义的，无论人死后有没有灵魂，遗体捐赠却都具有意义。一方面，人想着在死后还为社会为人类做贡献这本身就是一种很高尚的社会道德；另一方面，某些相信人死后可以通过器官的使用而使自己的生命光辉也照亮别人的生命。

（二）器官与遗体捐赠的法规及程序

2010年3月，中国红十字会与卫生部在天津共同启动全国10省市的人体器官捐赠试点工作。捐赠器官可以在所在地地方红十字会登记。设区市、县（市、区）红十字会应当将登记情况在三日内报送省红十字会。地方红十字会可以委托医疗机构进行登记，医疗机构应当将登记情况在三日内报送所委托的红十字会。

自然人愿意死亡后捐赠器官的，应当有同意捐赠的书面证明；只有同意捐赠的口头意思表示的，应当符合下列条件：

有其配偶以及两名医师的书面证明；

没有配偶的，有其父母或者成年子女以及两名医师的书面证明；

没有配偶、父母、成年子女的，有其两名其他近亲属以及两名医师的书面证明；

没有任何近亲属的，有其工作单位或者居住地的居（村）民委员会、养老机构等组织以及两名医师的书面证明。

据"中国器官捐赠的博客"（http://blog.sina.com.cn/chinaorgan）提供的"中国公民逝世后器官捐赠工作流程"图，中国公民逝世后器官捐赠工作按照捐赠过程和主要内容共分报名登记、捐赠评估、捐赠确认、器官获取、器官分配、遗体处理、缅怀纪念、人道救助等八个重要环节。

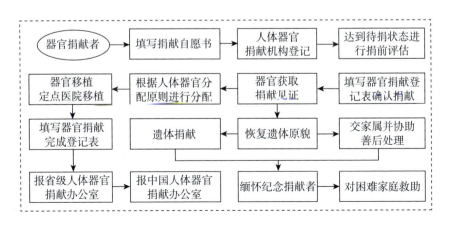

　　中国公民器官捐赠和遗体捐赠，目前所依据的法律法规主要有：《中华人民共和国红十字会法》《中国红十字会章程》国务院令、《人体器官移植条例》《中华人民共和国公益事业捐赠法》。其中，2007年3月21日国务院第171次常务会议通过的《人体器官移植条例》可以说是最权威的法规。同时，不少省市结合自己的实际情况，颁布了更加详细和具体的地方条例，比如：《山东省遗体捐献条例》（2003年）、《福建省遗体和器官捐献条例》（2005年）、《黑龙江省遗体和眼角膜捐献条例》（2009年）、《江西省遗体捐献条例》（2012年）、《湖北省人体器官捐献条例》（2014年）、《贵州省人体器官捐献条例》（2015年）、《云南省人体器官捐献条例》（2015年），另外，上海市、天津市、重庆市、深圳特区、贵阳市、宁波市、武汉市、南京市等也制定了人体器官捐献或遗体捐献条例。

　　中国公民捐献器官和遗体的具体要求和程序，可以参照"中国人体器官捐献管理中心"网站提供的相关内容（http://www.rcsccod.cn/）。中国人体器官捐赠管理中心（以下简称"器官中心"）是2012年7月6日经中央机构编制委员会办公室《关于设立中国人体器官捐献管理中心的批复》批准成立，2013年1月正式组建开展工作，是中国红十字会总会直属的中央财政补助事业单位。主要职责为：负责参与人体器官捐赠的宣传动员、报名登记、捐赠见证、公平分配、救助激励、缅怀纪念及信息平台建设等相关工作。

　　在器官捐赠领域，西班牙是当之无愧的领跑者。1989年，西班牙卫生和社会事务部成立了国家器官移植中心（以下简称"ONT"），该中心负责统筹全国器官的获取和分配，没有通过ONT的移植都被视为违法行为。此外，政府还专门建立国家级的器官移植中心，制定全国范围内的器官捐赠制度和审核标准，设立以医院为单位的捐赠协调小组，注重持续性专业培训。这一器官捐赠体系被称为"西班牙模式"。根据西班牙器官捐赠法的规定，所有公民都被视为器官捐赠者，除非公民本人在生前表达了相反的意愿，这种意愿可以通过口头或书面进行表达。理论上讲，如果死者生前通过遗嘱表示愿意进行器官捐赠，而家人表示反对的话，家人的决定将被视为无效，医疗机关可直接进行器官捐赠手术。当然，在实际操作中，医疗机构一般会与家人进行充分沟通，并最终获得他们的理解。

在美国，器官捐赠不分年龄和种族，任何人都可成为器官捐赠者。捐赠的除了人体组织外，还包括心脏、肾、肝、肺、胰腺等器官。根据法规，要想成为器官捐赠者，首先要告知家人和亲属有关你的意愿，以免在发生意外丧生后引起家人对器官摘除的不安。其次是要填写器官捐赠卡并随身携带。填写内容除了姓名、拟捐赠的器官名称外，还得有本人及证明人的签名。一位在纽约工作的人考到了机动车驾驶执照，有意思的是，他的驾照除了姓名、性别、出生日期和住址等信息，还多了donor（器官捐赠）这个词。原来，在申请驾照时，考官问他如果万一在车祸中遭遇不测是否愿意捐赠遗体和器官。他回答说"愿意"。美国成年人几乎都有驾照，它不仅是开车的执照和身份的证明，还是一份捐赠器官的同意书。这就意味着，驾驶员一旦在车祸中被确认死亡，如果驾照上有donor字样，医疗机构就可以对其施行器官摘除手术。

第五章

与病共处

——如何让自己死而无憾（上）

一、如果罹患致命性疾病

不管我们从哪个角度来看待死亡，我们都必须有一个必要的前提，即在生物学层面上真正了解什么是生、什么是死，以及生与死的关系，否则一切有关生死的讨论都是空中楼阁。毕竟作为万物的灵长，人类仍然隶属于生物的世界，生与死首先是生命现象，而且首先是可见的肉体生命现象。

（一）致命性疾病意味着什么

现实世界里，医生当然是最接近死与生的人群。美国著名外科医生舍温·努兰撰写了两本可以让我们从生物学层面更深入认识生命与死亡的书《生命的脸》和《死亡的脸》，其中《死亡的脸》曾获得美国国家图书奖，并入围美国新闻界的一项最高荣誉——普利策奖。《生命的脸》以一场惊心动魄的成功抢救为开篇，次第展开了对人体这一完美精妙的生命小宇宙的认识，让我们了解到生命自身是如何在各种惊涛骇浪的动态中调整平衡的。无比枯燥的基础医学理论在努兰医生感性美妙的文字描述下，显得婉约动人。《死亡的脸》则讲了不同疾病导致的相同结局，那就是死亡。不管是心绞痛、心衰竭，还是癌症、阿尔茨海默病、艾滋病……无论哪一条通往死亡这个终点的路径，其实都不算遥远。在现代医学的认知和话语体系下，当下的每一种死亡都有一个确切的致死因素，无病不死人。在现代医学的视域里，所谓"寿终正寝"只不过是一个古老的传说。

《最后的舞蹈——关于死亡》的作者在讨论"病死"时，有一段非常精彩的类似自问自答式的说明，可以为我们理解"致命性疾病意味着什么"提供一种思想要素的刺激。

一天，你一觉醒来，发觉身体上出现了与一种严重疾病相似的症状。你的脑海里会闪过什么念头呢？也许你只是勉强地承认，自己可能"真的生病了"，然后马上将这种想法抛之脑后，继续忙于日常事务。毕竟，你会说，"没有理由怀疑这是什么严重问题；很可能只是小毛病"。你不想因为太贴近审视命运之神而触犯他。

你暂时忘记了这件事。但是，症状一次又一次地引起你的注意。"最好不是什么大麻烦"你对自己说，"我还有太多的事要做啊。"然而，在你身体的某个部位，你清楚地认识到，可能出现了严重的问题。你开始承认你的关切，对症状感到有点儿忧虑，这些症状会影响你的生活吗？

于是你去看医生，描述你的症状，接受身体检查，并且等待结果。也许你立刻得知诊断结果了，也许要等到做完医师指定的其他化验之后。医生告诉你，你身体某个部位有个肿块，一个恶性肿瘤。你得癌症了。

现在你的情绪变得激动了。"我能做什么？医生会怎样治疗呢？我的生活将不得不做出哪些改变呢？我应该推迟原先计划好了的旅行吗？要接受什么样的治疗？有副作用吗？这种癌症能够治愈吗？会很痛吗？我会死吗？"随着急剧的变化，你找到了对付这场危机的办法。最初对病症的恐惧转变成为对于诊断、治疗和结果的关切。

随着时间的推移，你会觉得松了一口气：肿块看来不再长大了。医生显得很乐观。你仍然想知道癌症是否真的好转或者只是暂时地缓和了。你处于一种过渡状态。你很高兴，事情似乎向好的方向发展，不过乐观中混杂着不确定和害怕。也许过一段时间后，你开始放松，不那么担心癌症会杀回马枪。看来你的癌是可以医好的。

但是，你可能迟早会再注意到病魔的进攻，这标志着癌症又回来了。你可能担心癌细胞转移或扩散到身体的其他部位，这时你一再考虑的是下述问题："下一步会很痛吗？会影响我身体的哪些部位？我会死吗？我还有多长时间可以活头？"癌症代表着我们这个时代最可怕的恐惧：疼痛、消蚀、折磨和死亡。

有些致命性疾病是可以用比较简单的方法治愈的。另外一些会顽抗一段时间，通过治疗病情会减弱或者稳定。而其他一些癌症，或者没有什么存活的希望。当致命性疾病威胁个人的安康时，上述事态是任何一个被诊断有致命性疾病的患者都可能有的体验。

一旦一种疾病被确定为治不好，患者的恐惧可能集中在面对濒死和死亡的不确定性上。这种恐惧可能从一开始就存在，引起对于症状、诊断和治疗的关切的变化。然而，当致命性疾病表现为一组特定的症状时，注意力则会集中在这些症状上。当疾病被确诊并进入治疗阶段后，尽管恐惧心理因希望治愈的心理平衡，死的想法却可能变得更突出了。患者一门心思地想，从此要以患有致命性疾病的角色从事所有的活动了。

当无法做点什么来阻止病情恶化时，死亡的结果就难以避免了。但是，对活着还抱有希望的想法仍然会存在——希望在最后一秒钟被死神宽恕，或者出现医生没有预见到的某种好转。我们可能以这种态度在人生的尽头搏斗："我一向能靠智慧取胜的，为什么这一回不行呢？"在应对人生终点时，我们还可能采取完全不同的思路：在剩下的大部分时间里，由我们最亲近的人陪伴，坦然接受必死的命运。我们应对死亡的做法很可能反映我们的生活态度，反映我们应对人生其他丧失和变故的态度。①

致命性疾病向我们自己的形象提出挑战并威胁着我们对未来的计划。病魔使我们与死神面对面，产生跟亲人分别的焦虑，以及我们对于疼痛恐惧和想象濒死的恐惧。致命性疾病会导致我们的生活在身体、精神、情绪、经济情况等很多方面发生根本性的改变。

比如，对于一个罹患艾滋病的病患来说，首先，他们要像其他患有

---

① ［美］林恩·德斯佩尔德，艾伯特·德斯利克兰. 最后的舞蹈——关于死亡［M］. 夏侯炳，陈瑾译. 北京：中国人民大学出版社，2009：126.

恶性致命疾病的患者一样来与疾病抗争。但艾滋病又被视作是一种慢性疾病，需要细心的照料。他们要吃很多的药物，要严格按照医生的限定饮食。他们要应对药物所带来的副作用。其次，他们还要面对来自社会的歧视和偏见，很难得到理想的住所、合理的医疗照顾、健康保险和福利，在工作和学校里也得不到公平的待遇。再次，在经济上会因为高昂的药物而致贫，幸运的人可以得到保险的补偿，但是保险公司对待此类补偿往往非常不情愿。很多感染者并没有购买保险，又不能工作，所以也得不到员工保险。最后，他们也不能养宠物，为了避免细菌感染。还有，在日常活动中，很多健康的人认为稀松平常的运动，艾滋病人也必须非常谨慎行事。对于那些自己没有感染艾滋病，但是身边有朋友或者家人感染了的人们来说，他们的生活也因此改变了。没被感染的孩子、配偶、父母、祖父母和其他人必须面对挑战，照顾病人。这对他们来说也是经济上、精神上、社会上、情绪上的巨大挑战。

疾病，尤其是致命性疾病，可能导致周围人都躲避某些生病的人。在某种程度上，对于罹患致命性疾病的患者来说，除医护人员外，忌讳和回避的社会习惯也可能使亲朋好友最后放弃病人，并由此造成一种"社会性死亡"，即患者感到自己不知不觉成了"失去合法权益的人"，与社会的其他部分"隔绝"了。

对治疗的担忧可能加深对于疾病本身的恐惧。了解疾病及其治疗的信息，与他人在一种彼此支持的氛围中分享经验，利用咨询服务解决个人问题、感情问题，找到与家庭成员、朋友和医护人员更有效交流的途径……所有这一切，都是应对致命性疾病的建设性策略。

每一种疾病都有它自己的一系列难题和挑战，而每一个人也都在用他自己独特的方式解决问题。人们怎样应对疾病，这是由个性、气质、家庭和社会以及周围环境决定的。患有致命性疾病的人所体验到的许多折磨，来自那把人压垮的各种层次的丧失感。

不过，疾病却也给我们充分的教育——活着就是不断地遭遇危险，而比死更大的危险则是缺乏健康地活着。

（二）什么是"理所当然"的治疗

当一个人得知自己罹患重病，而且生命时间所剩无几的时候，我们会选择什么样的治疗方式呢？我们是重视长久存活，能多活一天是一天，为此甚至准备接受生命维持治疗，即使要过着与疾病壮烈缠斗的生活吗？或者，我们觉悟到死期将近，与其在受苦的状态下延续生命，不如先行思考如何能够迎来幸福的临终呢？

如果一个人的生死观已经确立，家人也都能够充分理解，那么，在罹患致命性疾病的初始治疗阶段，以上问题或许不是问题，也不会有所犹豫。只是，在实际的医疗过程和病人的生存实践中，针对重病患者"理所当然的治疗"，有时候其实会变成"意料之外的陷阱"。因此，在我们还没有遭遇之前，借助医护的经验和病人的实践，对一些"理所当然的治疗"做一些理性的审视，对我们自己"身临其境"做死亡准备，是大有裨益的。

石贺丈士，是日本一位专门诊疗重症末期患者的缓和照护医师，在十五年的时间里，她陪伴了一千名以上的患者度过他们生命的最后一刻。这样的医护实践让她确信两件事情：第一，请不要把医院里的"人工死亡"视为理所当然，人也可以像草木逐渐凋零般安详平静地迎向"自然死亡"。第二，请改变你对死亡的看法，确实做好准备。她基于自己的实践经验，撰写了《幸福死》一书。① 在书中，石贺丈士对重症末期患者的一些"理所当然的治疗"做了反省与分析。

1.关于"理所当然"的输液

针对罹患重病而无法以口进食的人，在医院里大多"理所当然"地倾向于使用静脉注射点滴。不少人也"理所当然"地认为，只要输液，就能充分补给营养，也有改善疾病的效果。但石贺丈士强调，这是极大的误解。

---

① ［日］石贺丈士.幸福死——面对死亡的31个练习，用你想要的方式告别［M］.台北：时报文化出版企业股份有限公司，2017：8.

在这些重症患者晚期的治疗病例中，所注射的点滴液体，成分基本上是水、盐和砂糖。一瓶五百毫升的点滴，热量大约只有一百大卡，其主要功能只不过是"水分补给"。点滴的成分因为只有水、盐和砂糖，因此并没有治疗或改善重病的效果。石贺丈士认为，说得极端一点，与其打一瓶点滴，倒不如吃一支冰激凌，这样所摄取到的营养还更多。

而且，更为严重的是，病人在医院里一旦要输液，都是一天打三瓶五百毫升的点滴，这就意味着将一点五公升的水注入病人体内。如此一来，将造成严重的后果。因为，病人的身体原本已经无法消化水分，强制将水分注入，会造成病人的身体肿胀、难受，胃部等脏器受到压迫，食欲更加低落，陷入恶性循环。如果患者在接受这样的点滴治疗后身亡，解剖大体时，切开遗体的瞬间水分会大量溢出。如果拧挤海绵状构造的肺部，将会有大量的水分滴落。这根本几近于"溺死"的状态。

而在石贺丈士的诊疗实践中，许多患者在停掉点滴之后，水肿症状便消失，食欲增加，精神也恢复了。她在书中分享了一位逾九十岁检查出癌症末期的女性患者的案例。这位患者在之前入住的医院中，完全无法正常进食。在转院到她的诊所时，该院相关人员甚至附上通知，"该患者仅能靠点滴维持生命"。但是，在停掉点滴一星期之后，原本在她体内的肿胀消失了，甚至可以和儿子两个人吃完五碗饭。她非常爱吃米饭，因为能够大快朵颐，她的脸上又恢复了灿烂的笑容。据说前一家医院的相关人员针对这样的后续发展，连说了好几次"真不敢相信"。然而事实上，这样的例子为数众多。

2.关于"理所当然"的经皮内视镜胃造口术

对于无法以口进食的重症患者来说，医院或许会建议做经皮内视镜胃造口。石贺丈士强调，如果在病人意识清楚的阶段，因病而无法饮食，是应该讨论要不要做经皮内视镜胃造口的。例如，如果患者通过胃造口补充营养而能够操作计算机进行工作，那么，这就是维持病人与社会联结，使其健全生活的良好方法之一。但是，如果病情恶化，病人很明显地已经徘徊在人生的最后关口，在这个阶段还要做经皮内视镜胃造口，就令人存疑了。因为，患者最后阶段将重度卧床，如果仍然以维系生命迹象为最优先处理原则，并持续补充营养，这实际上是造成病人更大的痛苦。

依据生命自身的自然代谢规律，生物在即将死亡时，就会渐渐不能饮不能食，如同树木慢慢干枯一样咽下最后一口气。按理，这是作为自然生命的人最自然、最安稳的死法，也是最幸福的"寿终正寝"。而通过所谓"理所当然"的一些激进治疗，不断给临终者输送他本已经不需要也无法消化和代谢的东西，在事实上形成了违背自然（逆天）的维持生命医疗，这恰恰会让"幸福死"变得遥不可及。因此，石贺丈士呼吁，如果希望能够自然而安稳地，面带微笑地步下人生舞台，就必须要好好思考这一点。

3.关于"理所当然"的抗癌药物

石贺丈士直接强调，抗癌药物无法治疗癌症，甚至，抗癌药物比癌症更可怕。在石贺丈士看来，尽管癌症已经成为人类生命的第一大杀手，但是，关于癌症的两大错误观念却一直充斥于社会人群之中。

第一个错误观念是，许多人认为癌症是"可治愈的疾病"。事实是，在现代医学中，九成的疾病都是无法治愈的。如果癌细胞无法以手术或是放射线去除，在现在这个时代，还是根本无法治愈的。

第二个错误观念是，人们以为"癌症可以借由抗癌药物慢慢痊愈"。石贺丈士指出，确实，针对血液型的癌症，曾经有过抗癌药物有效治疗的病例。可是，那是极少数。而如果对于抗癌药物寄予过多的期待持续使用的话，实际上潜藏着恶化身体健康的危险。因为抗癌药物就如同使用杀虫剂喷杀害虫一样，并不能杀死癌细胞。抗癌药物的作用，充其量只是抑制癌细胞的增生，体内的癌细胞是不可能借由抗癌药物全面清除的。而且，现在医院所使用的所有抗癌药物，几乎都不只是攻击癌细胞，也会攻击其他正常细胞，因此都会引发强烈的副作用。正因为如此，医院才会限制抗癌药物的使用次数，因为这不是可以一直持续进行的治疗方法。如果病人忍受着副作用持续使用抗癌药物，到最后也可能破坏了身体的免疫系统。而造成免疫力低下的不是癌症，恰恰是抗癌药物扼杀了免疫力。

抗癌药物所引起的副作用各式各样。例如，呕吐、倦怠感、肠胃炎、口内炎、味觉障碍、掉发、免疫力降低等。为治疗癌症而对人体使用这些药物，就如将毒素注入体内一般。这些副作用，已经足够让人难以忍受。但是，医院针对癌症患者，往往除了抗癌药剂之外还会施予其他种种药物。这些药物中有疗效甚强者，不过也可能出现更强烈的副作用。因此，绝对不可以过度信任药物，这一点并不仅限于抗癌药物。中国人常说，"是药三分毒"，就是这个意思。

4.关于"理所当然"的抽腹水

癌症治疗中，抽腹水是一种经常会被使用的"理所当然"的治疗方式。腹水，是从血管等处漏出的血液成分或是水分，聚积于腹腔（腹部的脏器之间）。腹水的量如果异常增加，除了会压迫脏器降低其功能，还会造成腹部明显肿胀而感觉疼痛或难受。如果病人告知此种异常现象，医院多半会在腹部插针，抽出蓄积的腹水。许多患者因为得以从眼前的痛苦解脱而心怀感激。

但是，在石贺丈士看来，这里也潜藏着一大误解。腹水，并不单纯只是"多余的水分"。其中，还包含了蛋白质等非常多人体所必需的营养。因此，原本勤抽腹水是出于善意，最后却难免造成患者体力大幅衰退，甚至加速死亡的到来。这就犹如骆驼背上的驼峰，骆驼将身体所需的营养化为脂肪蓄积于驼峰，因应需要来摄取，以补充低下的体力。石贺丈士认为，癌症患者的腹水和骆驼的驼峰是一样的。只要放弃治标不治本的抽取，病人实际上是可能恢复健康的。

石贺丈士自己曾经有一位被诊断为卵巢癌末期的患者，原本四十公斤左右的体重，因为腹水急遽增加为五十七公斤，因此来到诊所。腹水所造成的痛苦，使得她无法行走。这位患者以为石贺丈士会和她以前去的医院里的医师一样，一开始就抽取腹水。但石贺丈士没有直接抽取腹水，而是使用了利尿剂等来控制她的腹水量。结果，她的体重在十天之内减少了五公斤，腿部的肿胀也消失，因而得以再次行走。之后，她的复原明显可见，甚至可以外出吃烤肉、寿司，旅行，参加音乐会。而且，之前的医院的医师宣告她的生命"只剩三个月"，她不但多活了半年，而且走得安详，如同睡去一般。所以，石贺丈士强调，抽取腹水并非百善而无一害。

总之，针对癌症末期患者而言，停止使用抗癌药物，停止抽取腹水，患者并不会因此立即死亡。相反地，患者身体原本具备的免疫力会提升，而能与癌症好好共生直到最后一刻。如此一来，自然死亡的可能性还更高一些。[①]

当然，我们并不能因为这样一位一线医护人员基于自己的医护实践所得出的结论就完全否认一般的治疗，甚至由此得出结论，癌症就不需要任何治疗。只是，我们应该提醒自己，在我们建构自己的生死观时，在我们可能遭遇相应的情形时，我们对于类似的各种"理所当然的治疗"，应该多一份理性。

二、疾病中的人生该如何过

我们每一个人都不敢保证，自己不会罹患致命性疾病。因为在现代医学的诠释中，除非意外死亡，每一个人都是"病死"的。既然是"病死"，那么，导致死亡的那个"病"就都是"致命性的"，而并非癌症等现在医疗束手无策的疾病才是"致命性的"。既然如此，每一个人在做死亡准备的时候，都必须认真思考和面对——我如果罹患疾病甚至是致命性疾病了，该如何度过"病中""病重"甚至"病终"的日子？

---

① ［日］石贺丈士. 幸福死——面对死亡的31个练习，用你想要的方式告别［M］. 台北：时报文化版企业股份有限公司，2017：77-78.

（一）做现在想做和能做的事

对于有限的时间，任谁都会好好珍惜。如果我们用"今天就是我的一辈子"的心态来度过每一天，我们一定会去做许多事情让自己可以没有遗憾。这样的心态也会形成一股能量，让你一件接着一件去完成"现在能做的事""现在想做的事"。无论患的是什么病，都可以用一日一生的心态来度过余生，迎接有尊严的死亡的到来。即便被告知罹患癌症，只要体内深藏着这样积极生活的灵魂，就一定能够鞭策我们活得忠于自己，直到人生的最后一刻。

通常，人们会因为疾病或事故等契机，开始寻找自己"身而为人的生命本质"。在这种时候，追求身体满足和精神充实的人，远多于追求物质上奢华的人。所谓的身体满足和精神充实，其实就是有充足的"睡眠""饮食"和"快乐"，也就是能够过着所谓普通的日常生活。而且，这样的倾向，往往会随着死期愈近而愈明显。

一些人因为罹患癌症，就觉得似乎什么都不能做了。实际上，癌症只不过是一种加速老化的病，实际上并不需要完全静养。不少诊断出癌症末期的患者，通过控制疼痛等症状，直到离世前几天都还可以照常工作。现代新儒家唐君毅先生被诊断罹患肺癌后，直到逝世前两周，还一直坚持为学生授课。当然，并不是说只有坚持在工作岗位直到最后一天，才算是"一日一生"的积极生活态度。实际上，也有许多罹患重疾的患者，是在与他们所爱的家人或生命中的重要他人的情感更加增进后，才微笑去世的。

与在车祸及其他意外事故中身负致命重伤的情形相比而言，癌症患者的剩余时间通常更多一些，至少还可以一件一件地实现自己的心愿。癌症本身是细胞中DNA（遗传基因）的复制错误，是所有人体内都会发生的现象。因此，大可不必因为在检查中偶然发现小小的癌症，就陷入极度的恐慌、焦虑。对于罹患癌症或者其他绝症的患者来说，确实更需要淡然但确实地去实践"一日一生"的生活态度，开心度过每一天。只要能够持续过着这样的生活，就一定能够步向无憾临终的结局。

如果死亡已经迫在眉睫，过去所做的"死亡准备"便会展现其成果。为死亡做好准备，并且在此基础之上，将自己想做的事情一件一件付诸实践，这样的人在临终时几乎都没有迷惘。即使死亡就在眼前，也不会表现出过度的恐惧。或许，正因为接近临终，他们才更意识到"现在是我最健康的时候，明天会稍微衰弱一点点"，也更能够以"想做的事今天就做"为座右铭来过生命中的每一天。

或许有人会问，"想做的事"到底是什么？客观上说，"想做的事"当然会因人而异。有的人可以将学习多年的手工艺、着色图、模型制作、书法等，持续创作直到生命最后一天；有的人有着强烈的美食导向，可以和家人或朋友跑到很远的地方去吃冰激凌；有的人特别热爱宠物，可以带着爱犬享受两天两夜的旅游；也有的人爱打麻将，甚至沉迷于电玩麻将游戏一直到临终前两天。无论是做什么，重要的是，既然已经时日无多，那就尽情去做你想做的事（当然不能是害人的事，因为事实上，如果你一念翻转地认真想想，那也不是你真想做的事），享受每一天，彷佛忘却病痛一般。

很多人有过在住院过程中食欲低下的经验。其原因可能是来自病情或药物副作用的影响。石贺丈士强调，重视"尽情享受自己所喜爱的食物"，比起注重营养均衡、减重，更能压倒性地带来好的结果。因此，罹癌后应该以补充营养为第一优先，生命接近末期的患者不需要限制饮食，而应该尽情享用自己喜欢的食物。尤其是针对终末期的患者，石贺丈士在自己的医护实践中都会交代"短时间内只要吃你喜欢的食物就可以了"。同时也会建议他们"多喝一点碳酸果汁或是吃冰激凌也可以"。

这样的饮食策略，并非异想天开，而是有着营养学的道理。因为在生命末期，一旦食欲大幅降低，身体便几乎处于营养失调的状态，一般的饮食都无法吸收。在这样的状态之下，身体可以在没有负担的情况下分解的，就是糖分和碳水化合物。自古以来，我们有着身体不舒服时便以白粥简单带过一餐的饮食文化，这可以说是先人卓越的智慧。只是，对于因为癌症等疾病导致生命接近末期，经口摄取的饮食几乎是零的病人而言，即使是白粥，门槛也还是太高，无法顺利进食。可是，如果是碳酸果汁或是冰淇淋，因为口感滑顺，不须咀嚼即可吞咽，有着容易摄取的优点。像这样用最不增加身体负担的方式开始摄取糖分，体力便会一点一点恢复。接下来，身体自然会想要摄取三大营养素的另外两项，也就是蛋白质和脂质。这样的饮食策略，病人不但可以尽情享用喜欢的食物，同时也能期待免疫力的活化。

不管如何，为你的人生画下句点的人，是你自己。在临终前的这段时间，没有必要压抑自己的心愿，去做别人强要你做的事。无论你选择安安分分什么都不做，或是在这个阶段仍然想着"等我病好了，我要做什么什么"，都不可能给你带来"无憾"的临终。今天就去做你想做的事、你能做的事，让自己感觉当下满盈的充实，让自己的生命发光发热，"一日一生"，只有这样，每个人才能依各自的形式为人生画下幸福的句点。

临终前的心愿，从"现在想做的""现在能做的"开始实行。大多数人在面对罹患致命性疾病的最初阶段，基本上都可以按照自己的心愿去做，许多人会去旅行、购物，去自己想去的地方，吃自己想吃的食物，做自己喜欢的事情如嗜好等。但是，做完了一轮之后，如果自己还真实地活着，很多人便会开始增加许多与"家人"相关的心愿。尤其是有孩子的人，愿望会一个接着一个浮现。如果孩子是小学生，"我想看他变成初中生的样子"；如果孩子是初中生，"我想看他变成高中生的样子"；如果孩子是高中生，"我想看他参加高考的样子"。甚至，如果孩子已经成人，"我想参加他的婚礼""我想抱孙子"，这样没完没了。

对于这些心情的本身，我们不应该持简单的否定态度。因为，身为父母，本来就会担心孩子的将来。身为伴侣，担心自己死后另一半能不能好好生活的心声，也是出于爱的真实表现。

只是，我们每个人，尤其是病患者本人，必须清醒地意识到，一旦你开始担心家人，就会像这样没完没了。而且，这些心愿几乎不能实现的可能性也会因为你没完没了的担心而提升。因为，要实现这些心愿，需要至少数年，甚至几十年的时间。同时，也因为这些心愿，不像自己外出旅行或者吃自己喜欢的饮食一样，可以全凭自己的意志实现。再加上，因为这些心愿几乎不能实现的可能性相当高，所以当固执的念头愈强时，自己咽气的那一瞬间就愈可能感觉到遗憾。如此，再怎么说是为家人着想，一个人在自己的内心抱憾而终，总不能算一种"幸福的""平静的"死亡。

因此，如果是生命已经进入末期的患者，愿望和担心都应该尽可能局限在自身范围之内，这样比较有利于自己"无憾而终"。至少在迎接人生乐曲终章的时候，让自己当主角，过着让自己满意的生活。而且，如果你将"担心"的心情化为"信赖"，或许可以和你所信赖的家人之间建立起新的关系。如果之前因为担心造成了疙瘩，或许也可以在信赖的基础上改善彼此的关系。如果可以做得到的话，应该就能够带着安详的笑容离去了。

（二）适应疾病共生期的生活

每一种疾病都有它自己的一系列难题和挑战，而每一个人也都在用他自己独特的方式解决问题。人们怎样应对疾病，这是由个性、气质、家庭和社会以及周围环境决定的。与一个患有致命性疾病而又无法医治的人一起生活，可能被描述为一种与"活死人"生活的体验。在那期间，患者及其家人随着环境以及他们对环境的反应的变化而徘徊于否认和接受之间。

在接受一种致命性疾病的诊断结果时，一个人可能会回避或者否认，他想隐瞒真相或者试图将真相从意识中排除出去。甚至在承认真相之后，愤怒以及脆弱和依赖的情绪还可能挥之不去。愤怒有时被敌意取代："可能我做了某些事就能阻止这种病出现在我身上，但是该死，如果不是命运，为什么政府不制止它！"这种敌意的对象往往是一个人的护理者。愤怒会表现在抱怨食物或者护理的其他方面，患者会大吼："你为什么不能给我准备一大杯茶呢？你知道我不能替自己沏茶的！"愤怒的表现可能掩藏对潜在难题的忧虑：勇敢地面对危重病情及相应的一个人的漫长苦旅。

随着病情发展和身体虚弱，个体面对现实时一开始的坚忍的态度可能被消沉的意志所取代，那是一种深刻的失落感。当一个人面对致命性疾病及伴随疾病的丧失的现实时，他可能会找到某种意义上的接受或解决的策略。这并不意味着放弃或者失去所有的希望，而是指人们以本质上积极的态度去面对他们的必死性。

在应对死亡的过程中，每个人采取的态度是由这样一些因素决定的：疾病的特性，患者的个性，以及在他所在的环境里可以获得的援助资源。对付致命性疾病或者死亡威胁的方式大不相同，不仅在不同的群体中方式不同，而且在不同的状态下方式也不同。

从一个人注意到异常的症状和探究它们意味着什么的那一刻开始，整个治疗的过程，直到生命的最后时刻，期待和事实之间往往保持着微妙的平衡——老老实实地面对现实，同时又希望结果是有建设性的。期待的目标随着时间的推移而发生变化。对于症状真的意味着没有问题的期望被疾病能被治愈的期望替代。当疾病被确认为治不好时，我们就希望能多活些日子。随着时间流逝，我们转向摆脱疼痛和死得正常。当治愈的期望不再有了，绝不放弃就是关键，不过应当通过集中关注生命有意义的方面来保留另外一种希望。

有研究指出，应对濒死包括四个维度的因素——身体层面、心理层面、社会层面和精神层面。也就是说，应对死亡不只是涉及身体或者思想。其中，精神层面不能仅指宗教，它包括一个人的基本价值观和核心生死观。

应对濒死的四个主要层面[1]：

身体层面。包含满足身体上的需要和以与其价值观一致的方式将身体压力最小化。

心理层面。包含心理的安全感、言行自主和生活丰富程度最大化。

社会层面。包含保持和提高有意义的人际关系，满足濒死的社会意义。

精神层面。包含确认、发掘或者重申精神力量或意义资源，并在这

---

[1]　［美］林恩·德斯佩尔德，艾伯特·德斯利克兰.最后的舞蹈——关于死亡［M］.夏侯炳，陈瑾译.北京：中国人民大学出版社，2009：132.

样做的过程中培养希望。

　　针对与疾病共生的状况，也有研究提出了相应的任务模式。这一模式描述了由诊断引发的急性期、带病生活的慢性期以及涉及应对逼近死亡的终末期三个阶段的特征与应对任务。在某些情况下也可能产生另外两个阶段：第一个是前期诊断阶段，在此期间一个人对疾病会有所怀疑，并且可能尝试寻医问药；第二个是恢复阶段，出现在原先威胁生命的疾病治愈或者缓解之后。在整个生病期间，无论是哪个阶段，个体都将继续满足他们诊断之前就有的许多需要和应对所有的问题和难题。当然，生病的经历可能影响对这些需要和问题的理解。以前生活中的所有挑战，包括与家人和朋友相处、应付工作和财务问题，甚至满足住房需要等，仍然是生活和生存中的挑战。换言之，一个人罹患重病的困难，并不能自动地免除他或她生活中其他更常见的难题和挑战。这是我们在疾病共生期的生活应对中必须充分意识到的。

应对致命性疾病的任务[①]

急性期	慢性期	终末期
认识疾病	控制症状和副作用	控制不舒服、疼痛、无能为力和其他症状
使健康和生活方式最佳化	落实保健疗程	应对保健疗程和体制压力
乐观地对待各种压力	控制压力和检查养病行为	控制压力和检查养病行为
发展应付由疾病引起的问题的策略	面对疾病使生活尽可能地正常化	为死做准备，并向亲友道别
探索诊断对自己和他人的影响	将社会支持扩大到最大，并保持自我概念	保持自我并感激与他人的关系
表达感情和恐惧	表达感情和恐惧	表达感情和恐惧
使现实融入过去和未来的观念	找到不确定性和忍受痛苦的意义	找到生和死的意义

---

　　① [美]林恩·德斯佩尔德，艾伯特·德斯利克兰.最后的舞蹈——关于死亡[M].夏侯炳，陈瑾译.北京：中国人民大学出版社，2009：132.

换一种说法，在应对致命性疾病的过程中，我们疾病共生期的生活可以明显地呈现为三个阶段。首先是最初的生存困境，在诊断带来的最初震惊中，当一个人试图屈服于致命的消息时，自我的危机就开始了。其次是缓解和适应，随着治疗的开始，在调节和适应的过程中，生病的现实变成一个人生活的组成部分。最后是前晚期和晚期的接受，当医治不好或者无法延长生命的时刻即将来临时，随着生命的期限变得越来越清晰，个体面临着进行性衰退和肌体老化的问题。当尽头临近时，随着濒死者准备去死，以照护为主的姑息护理或者说安宁疗护将取代以痊愈为目标的积极治疗。

个体对有压力的事态做出怎样的反应主要取决于当事者，取决于他们有什么样的秉性和个性。那些对致命性疾病有明显出色应对表现的人，往往都富于"战斗精神"，他们不仅将疾病视为一种威胁，还将其看作一种人生挑战。这种人努力了解疾病的信息，在治疗决策中扮演一种积极的角色。他们遇事乐观，善于透过平凡小事看到积极的意义。不顾恶劣的环境而保持一种积极的态度，这样的积极态度具有重要意义。

在致命性疾病的背景下，这样的积极态度包含一个人所领会一种疾病对于他实现人生目标、维持人际关系和保持个人有生气、有能力和有力量，以及理解疾病对于未来具有的意义的能力。虽然致命的疾病会破坏一个人几乎所有的对生活的美好憧憬，但是理解疾病的意义对控制现实却有重要的作用。保持自尊的能力，设置目标和努力完成目标的能力，出于对自己力量的认识做出选择以迎接挑战的能力，积极参与周围环境的互动的能力——这所有的一切能力反映出一种"应对潜能"，它能使人坚持在死亡面前生活下去的决心。

实际上，在患者应对疾病的能力中，希望发挥了一种关键性的作用。不顾致命性疾病带来的压力而保持一种积极心态的关键，是患者的自我形象。不管属于自己的时间还剩多少，我们要能够使每一天活得最充实。实际上，每一个人，无论是否被诊断出了晚期疾病，都在接受让每一天活得更有价值的挑战。

三、准备迎接人生的终点

人们听到至亲即将走向生命终点，会出现各式各样的反应。他们可能会震惊、不相信、恐惧、生气、悲伤……或者，最常见的是，一直在这些反应或其他更强的情绪中翻来覆去。当他们陷入这些情绪里时，会想："他知道自己即将离开人世了吗？我应该谈这件事吗？我应该说什么？"又会自问："我应该告诉他我很遗憾吗？还是应该假装我不知道？我应该表现得明朗又快乐，试着逗他开心吗？他快走了，实在不幸，我不想让他觉得我不在乎。"这种尴尬状况是有原因的。不仅因为这些问题很难回答，而且因为死亡原是一件遥不可及的事，而今却变成一个可怕的不速之客。

（一）走向临终的生理反应

人们常常假设每一种疾病（如肺气肿、艾滋病、癌症）带来的死亡都是一样的。但是实际上，每一桩死亡都有不同的因素——病患的年龄、疾病的进程、是否有其他健康问题、恶化最快的生理系统或器官是什么，等等。换言之，末期病患最后几个月的生活，实际上会有很多种剧情。多数人会发生各种麻烦的症状，有人很多，有人似乎一点事也没有。有人直到死前的几个星期或几天，都只感觉到（或显现出）些微的变化；有人出现零星的急性发作，夹杂着间歇的平复期；有人身体逐渐衰退；有人在睡梦中或昏迷中辞世；有人则是清醒的，甚至到咽气之前，还一直与人沟通。

大多数情况下，各种麻烦的症状随时会侵扰病患最后几个月的生命。有人唇干舌裂、体重减轻、皮肤脆弱，而且因缺乏活动而导致褥疮；有人感到恶心、呕吐；有人便秘或腹泻；有人大小便失禁；有人衍生成咳嗽或呼吸困难；有人会瘀血或出血，或者骨骼变得异常脆弱，一撞就断；有人接受治疗后造成头发脱落、水肿且发胖、起疹子。

很多人以为末期病患必定伴随疼痛，尤其是癌症，其实也并非全然如此。有人一点都不痛，有人只有轻度或中度疼痛，且可以轻易抑制。但有人的疼痛却非常剧烈，需要专家的评估和照顾，才能得以控制。

就情绪等心理状态而言，有的人很冷静；有的人则会有间歇性的极度焦虑，譬如表现出坐立难安或对床单百般挑剔的行为。这种不安会持续加重，直到病患最后发起脾气。有些病况会造成失智：失去思考、记忆、讲理的能力。有的时候，病患变得作息颠倒，白天都在睡觉，到了夜晚却特别清醒，让照护者疲累万分。

此外，病患的味觉也可能发生改变，原本爱吃的食物变得苦涩无味。由此，许多人对食物和饮料失去兴趣。这种改变，令家属和照护者产生非常强烈的挫折感，似乎显示病患的某些部分已经"逐渐衰竭"了。

临终者的普遍症状是虚弱和疲累，多数人衰弱到难以独立做任何一件事情，例如变得无法行走、无法在床上翻身、无法说话，甚至连眼睛都无法睁开。他们可能大部分的时间都在休息或睡觉。病患通常会愈睡愈沉，然后陷入昏迷状态，呼吸逐渐变慢，最后终于停止。

中华健康管理协会列出了十个方面的临终病人生理反应，并提出了相应的应对策略。①

（1）越来越没有食欲。因为身体功能逐渐衰退，因此病患对食物及饮水的需求将会减低，病患可能会出现吞咽困难、口腔干燥等现象，因此需要保持其口腔湿润，以棉棒湿润他（她）的口腔，每隔三十分钟到两小时以护唇膏保持唇部的润滑。病患可能不会感到饥饿，因此不要勉强病人进食。

（2）病患睡眠的时间越来越长，且不易叫醒。一天之中，病患将会

---

① https://www.cn-healthcare.com/articlewm/20180619/content-1027540.html。

逐渐花更多时间在睡眠上，而且不易叫醒，这是身体代谢改变的结果，因此不要勉强叫醒他（她），可以试着在病患清醒时付出更多的时间去陪伴他（她），并计划活动让他（她）参与。

（3）对于时间、地点和人物的混淆不清。病患对人物、时间、地点的混淆可能会增加，辨别能力减低，看起来坐立难安。可提醒病人日期、时间为何，何人在旁陪伴中，持续让他熟悉或喜爱的事物围绕在他（她）身边，有时心爱的宠物也可以帮上大忙，将会使病患感到舒服一些。轻音乐和柔和的灯光，这样也可使病患较为安适一些，若病患畏光怕吵则需避免。

（4）病患可能因躁动不安而紧拉床沿，或看到一些幻影。由于血液循环变慢，造成脑部缺氧，病患可能会躁动不安或看到些幻影，或看见其他人看不见的人或影像，例如已去世的亲友。这现象可能令人困惑，但不需否定不切实地的幻觉，并保持镇定慢慢且自信地与他说话，温柔且有耐心地告诉他人、时、地、物并处理这样的现象。提供一个安全舒适的环境，最好用被子、枕头或床单护住床栏，以避免病患碰撞淤伤。

（5）大、小便失禁，尿液颜色的改变或尿量减少。病患尿量可能会逐渐减少，这是因为肾功能变差的缘故。由于神经肌肉系统的失控导致大、小便失禁也会是一个问题，可以使用集尿袋、尿管、尿布或看护垫来帮助病患保持清洁和舒适。

（6）呼吸时，喉咙产生嘈杂声音为"死前的喉音"。这是因为呼吸道分泌黏稠且不易咳出，积在口腔的分泌物可能变得更多且聚积在喉咙的后部，而产生所谓的"濒死嘎嘎之音"。这种声音的形成，乃是由身体液体摄取的减少及肌肉无法将正常唾液、痰液咳出所致。可以使用湿冷的蒸汽，使分泌物更稀而易于咳出；也可以通过翻身或抬高床头使其呼吸容易些。如果病患想吞咽，可以给予冰块及经常清洁湿润口腔，以解除病患的口渴感。

（7）视力听力减退。由于神经系统机能退化，视力和听力的清晰度可能会改变。可以在房内布置柔和的灯光。听力通常是最后消失的知觉，所以病患仍能听到您的声音，可以经常与病患保持对话，并经常解释您正在做的事。表达您的感受，说出您的内心话"谢谢、对不起、我爱你"。同时，鼓励其他的亲友也这么做，即使是小孩也有他们想表达离别的情绪。

（8）手脚冷冰，而且身体的靠床侧肤色渐深。病患的手脚时常较冰冷且皮肤呈现青紫或青蓝色，整个身体的肤色看起来会显得黑暗些，这些症状是由于体内血液循环变慢的结果，而不是象征病患太冷的指标。可以用毛毯为病患保暖，但不宜使用电热毯，以免过热造成烫伤。同时，可以给予定时的翻身，并偶尔给予手脚温柔的移动或按摩。

（9）出现不规则的呼吸型态，也可能暂时停止呼吸。病患可能出现张口费力呼吸，速度较快，以及10~30秒的呼吸暂停现象，这是呼吸将要停止的一个重要征象，这现象在临终病患非常普通，病患通常不会因此感觉痛苦，可把床头摇高或用枕头把头垫高。

（10）疼痛或症状的控制更困难。当死亡临近时，大部分的病患疼痛和不舒服的感觉通常会减弱些。少部分的人疼痛或症状的控制更困难，应该大方地给予病患医师所开的止痛药，如果止痛药无法止痛请通知医生处理。可以试着按摩他（她）的背或疼痛的部位，学习一些帮助他（她）放松的方法，例如精油指压按摩、音乐疗法等方法帮助病患舒适。

（二）走向临终的心理反应

对于走向临终的病患来说，相比于生理的变化，心理上的变化更加值得关注。尽管身体不再健康，临终病患感知到临死觉知后，依然能得到平静与安适，解除情感上与灵性上的痛苦。而家人在参与、见证这样一些临死的觉知后，也能够更加了解至亲在生理状况外的那部分自我。

美籍波兰裔学者凯库博·罗斯在所著《死亡与濒死》中描述了死亡心理与绝症心理两大课题，学术界有人称其为"死亡皇后"。罗斯提出的临终心理五阶段论，被认为是关于死亡及哀伤的经典理论，为研究临终或濒死的学者所乐于引用。

1. 否认期

否认，是初闻噩耗的惊恐之下拒绝接受事实的反应。被告知罹患某种无法治愈或危及生命的疾病时，人们常常回答："我不相信，你们一定搞错了！这不可能是真的，我要去别的医院找别的大夫再看！"有些时候，他们会想："罹患这种病的人大部分会死，但我要战胜概率！"当一个身体健康的人，突然被医师告知罹患了癌症末期的不治之症，将不久于人世，试想他（她）将是如何的震惊！如何的怀疑！他（她）会毫无疑问地相信吗？不会。因此，这否认，是带有怀疑性质的。否认可以表现在行为上。罹患任何一种重大疾病时，寻求第二意见是明智之举；若是寻求好几个第二意见，则是逃避事实。否认也会表现在拒绝用药或"忘记"按时复诊的日期。

为什么人会采取否认的态度呢？当我们听到一个太痛苦的消息时，会以否认来武装自我，借以争取缓兵时间，来适应突然而来的残酷事实。通常病患是在病得更重、更虚弱时，才会放弃他的防御机制。也有人在接受与否认之间徘徊，他可能昨天才理性地说自己没有好转，今天又突然说："等我好了，我们可以再去露营！"如果为了揭露他的否认，而直接对他说："你知道自己的病非常严重，是不会康复的，你再也不能去露营了。"这样的话既刻薄又残酷，而且毫无必要。

实际上，亲友对于病况的否认态度，经常持续得比病患还久。这消息实在太令人难以忍受了，他们会佯装它不存在。这虽然也是人之常情，但这种反应却可能折磨病患。家属可能会说："你今天看起来好多了！"真的倒无妨，但如果不是真的，病患的解读就会是家属的力量不足，或不愿意处理眼前的事实。

病患可能尝试打破家人的否认，说："我知道自己病得很重，而且无法治愈了。"家属的否认反应往往让病患不得不断定，那是因为真相实在太痛苦。于是一场怪异的共谋开始了，参与这场共谋的每个人都假装病患会康复。要勉强撑着这个虚构情节，是很耗费能量的，而且病患本身的能量早已严重不足，就要油尽灯枯了。实际上，其他人的否认态度，会加重病患的负担，这让他只能抽身避开这些否认病情的人，因而加重了他的孤立感。

2.愤怒期

一个人罹患了癌末病症，光是否认是无济于事的，必须勇敢地承认事实，计划未来的生死。当第一阶段的否认不能继续发生作用时，第二阶段的愤怒便油然产生。愤怒不是指摔瓶子、踢桌椅的泄恨举动，而是带有埋怨、忌恨等的负面情绪。愤怒、埋怨、忌恨等负面情绪，是抗议上天（或造物者）不公、不平的不满态度，对其他人尚无任何影响。

经常听到有末期病患问："怎么会发生这种事？"有人气愤上天让他罹患了这病；有人怪罪医生无法治愈他；有人愤恨政府不把经费拿去补助医疗研究；有人甚至索性对整个世界都不满。无论他们的矛头指向谁，怒气往往发泄在最亲近、最安全的人身上。于是，处在这种愤怒期的病患，往往会拿亲友当出气筒。而在愤恨炮轰之下的亲友，也就难保不受伤害。

多数人对于死亡，多少有些恐惧。谈到恐惧时，许多临终者会说："我并不怕死，我怕的是临死前的那一刻。"温柔地追问，就会道出清楚的恐惧："我害怕，死亡会是什么模样？会不会痛苦？究竟会如何？"有人会清楚表明："我害怕那会痛，我觉得自己会受不了剧烈的疼痛。"也有人会说："我一直信奉上帝，宗教信仰是我生命中很重要的一部分，但我现在开始怀疑那是不是真的了。我死了真的会见到上帝吗？会不会什么都没有呢？"

末期病患愤怒的根源，通常是挫折、厌恶或恐惧。挫折可能是因为感到无助或无力把控自己，变得需要依赖别人；厌恶是因为只能眼睁睁看着别人的人生顺利进行；而恐惧，则是不能确知死亡究竟是什么样貌。诸多情绪的起源，则是他们真切地体会到了自己正在走向死亡的过程，自己的生命正在不断地失去。

3.讨价还价或协商期

罹患癌症末期的病患，经历了愤怒阶段的情绪发泄，知道埋怨、妒恨救不了自己的病痛，于是转而向"神明或菩萨"等讨价还价。所谓讨价还价，不是商场上的杀价、议价或交易活动，而是借助祈愿、许愿等宗教祈祷或跪拜方式，祈求"神明或菩萨"等的怜悯、慈悲，赐予奇迹的出现，使自己的不治之症能够倏然好转、痊愈。倘若"神明或菩萨"能伸出援手，协助达成愿望，自己当随侍左右以报答及酬谢。这便是第三阶段的讨价还价。讨价还价式的祈愿、许愿活动，并不一定能实现，它只不过是病患为了求心安、求慰藉所表现出来的举动。如果奇迹没有出现，自己的病体没有好转，病患很快就会产生消极的抑郁情绪。

临终者面对躲不掉的命运时，总是会想尽办法拖延，也就是讨价还价。他们试图与其他所谓的"神明"协商；如果他们不信"神明"，也会与任何被认为有能力延长他们生命的人讨价还价。许多协商实际上都与接受治疗有关。人们会这样告诉自己："我会做化疗，我会坚持健康饮食，我不抱怨，这样，神明就会让我活到孙子毕业以后。"艾滋病患者经常会对"神明"允诺，自己要用仅存的生命去帮助他人逃过这个瘟疫。他们可能会这样想："我会致力于其中，我会努力照顾别人，我会教人们如何避免被感染。但是，神啊，如果我能做到这样，你一定要让我活久一点啊。"

4.沮丧期

癌末病患，终究要面对罹病事实，接受医院的手术、放疗、化疗，而不能老是否认、愤怒或沉迷在与上帝讨价还价的幻想境界。当癌末病患觉察自己的病状未见好转，或是病情愈来愈不乐观，或是身体越来越消瘦、虚弱，或是精神一天比一天疲惫时，他（她）们便会警觉性地预知到，自己已经来日不多。于是，便开始消沉抑郁、垂头丧气、失落哀伤，有时会暗中哭泣、叹息，有时会静坐、冥思。这便是沮丧期的情绪反应。

沮丧是每一个濒死者常发生的负面情绪。从"善终"的期望来说，必须设法让病患者安详地面对生死、看淡生死、接受生死。

临终者的沮丧来自哀痛。他们和常人一样会对失去的事物感到忧伤。不过他们的哀痛分成两个部分：一是悼念因为疾病而失去的健康、家庭角色、工作、独立性；二是哀痛死后会失去的各种关系、自己的人生，还有未来。这些哀伤和沮丧的情绪，应该受到庄严的尊重，不该被打消或淡化。对临终者来讲，说那些隔靴搔痒的场面话，诸如"要看光明面啊""你已经有一个很好的人生了""我们迟早都会死的"这样的话，听起来都像是想把他们情感上的苦痛缩小、淡化，而无法契入他们的内心感受。

5. 接受期

经过一段时间的与重病相抗争、与生命相搏斗之后，处于终末期的病患最终不得不接受即将死亡、即将告别家人的残酷事实。对于走向临终的病患来说，接受并不是一种令人快慰的喜事，而是一种消极的、悲痛的、无奈的、不舍的、令人不得不承受的心态。当一个癌末病患呈现疲态或昏昏欲睡时，死亡的时刻即将来临，这时可以说，他已经心平气和地接受了死亡的命运。

接受是一种平静辞别人世的感觉，通常不会持续很久，除非死亡真的近了。常见的情况会是，病患会出现偶发的短暂接受期，然后忽然在某一天、某一段谈话、某一个句子上，又跳回不同的阶段。

然而，死亡终究会来临。到了那时，他就会永远撒手人寰。这样的时刻，他需要的只是一两个重要的人陪伴在侧，而且，前提是临终者觉得舒服。

走向临终的五个阶段心理反应，并不是一个机械的递进过程。实际上，多数临终者，以及他们的家人、朋友，往往会在这几个面对死亡的阶段之间翻来覆去。从愤怒转变成否认，再转变成接受、转变成讨价还价、转变成沮丧，反复来回多次。所以，这些阶段并没有绝对明显的先后次序，也不一定同时出现。

每一个相关的人，都有自己的一整组情绪，而每个人对这件事的情绪加起来，就成为这个家在这个事件上的整体经验与行为模式，并以此而留下相应的家族历史。在某种意义上可以说，一个人面临死亡的态度（或面对某人的死），经常反映出他自己惯常的危机处理模式：冷静的人维持冷静；易怒、霸道的人继续易怒、霸道；以照顾他人出名的人可能直到最后一口气，都还在照顾他人。

四、走向临终的失落体验

不管是在生理上的反应还是心理上的反应，对于走向临终的人而言，根本的是一种"失落"和对失落的体验。失落，是情感生命的一种，常伴随情绪、行为、反应一同出现。当一个人突然知悉身患绝症、将面临死亡的命运时，不但心里头有失落感，连情绪上也会陷入低潮，忧郁、不乐、愁苦，常常会情不自禁地失声哭泣，行为异于常人，甚至会萌生自杀念头，孤独自处，拒绝参与社交活动，反应迟钝，生活混乱。

（一）走向临终的主体失落体验

一个走向临终的病患者，所体验和感受到的失落是多方面的。就存在论意义上来说，个人生命、身体、自我的失落体验，是根本性的，与之相关的则是对自己权利能力丧失的体验。

即将失去生命的失落。生命是我们生活的前提，生命存在才可能有真实的生活。有生命的人，最怕失去生命，因为生命一旦失去，什么都成为乌有，只留下一具冰冷冷的躯体。虽然有的信仰会告诉人们，人有灵魂的存在，当人的肉体死亡后，附着于人体内的灵魂并没有死亡，它会脱离人体自由自在地飘浮于空间，一直到最终寻获宿主、投胎转世。尽管人体灵魂存在的说法可以给濒死者多多少少以慰藉，但是，灵魂毕竟是看不见、摸不着的东西，而且灵魂投胎转世后的生活还是否是自己的生活这样的问题也无法得到充分说明。因此，濒死者在面临死亡的阶段，还是会有即将失去生命的失落与忧郁。

即将失去身体的失落。一个人的身体，是由早期的受精卵发育成胚胎，再由胚胎发育成胎儿；当胎儿出生后，还只是一个软弱的婴儿躯体，再经过相当时日的生长、发育，随着时光的流转，才成为一个具有人形的健美身体。这具身体，包含头部、四肢与躯干，是由皮肤、肌肉、骨骼以及体内脏腑所构成，它不但有生命，而且还能书写、语言、思考、行走、学习、恋爱……。人的身体，不是钢铁铸成的机器，它容易老化，甚至发生病变、残废、败坏，直至僵硬、腐烂。当濒死者面临死亡时，不但担忧自己即将失去生命，还担忧自己即将失去这具陪伴其漫长岁月，扶持其跋山涉水，度过无数欢乐时光的身体。面对自己无法再行掌控的身体，必然会有一种失落，心理上、情绪上也常常会呈现失落、不舍与无奈感。

即将失去自我的失落。每一个人，从生命诞生起，在父母的调教下，渐渐地产生了自我的观念，知道了自己的姓名、自己的面貌、自己的性别、自己的体形、自己的声音、自己的笔迹、自己的东西；也知道自我是代表有生命、有身体、有人格、有尊严、有声誉的我，必须珍惜它、爱护它、拥有它。但是，自我的生命，没有永恒性，一旦面临死亡的威胁时，难免有即将失去自我的空虚、失落与迷惘感。因为我们不知道，死后这个我的形影是否仍能存在于人世间的众人眼前；也不知道我的生命是否真的有未来；也不知道人死了是否我的姓名也会跟着幻灭。在我死后，"我"究竟会流落到哪里？去向何方？对此的不甚了了，确实是让人感到失落的。

即将失去权利能力的失落。一个人的权利能力，始于出生，终于死亡，民法上有规定，民事权利能力是伴随一个人出生即天然具有的，也会伴随死亡而自然终结。当一个人经由母亲十月怀胎一朝分娩，如非死产，出生后即享有法律上所保障的权利，并排除国家或任何他人的不法侵犯。这些权利包括：个人的生命、身体、自由、名誉、财产、贞节、人格、身份等，不胜枚举。大部分的民事权利，都将随着一个人的死亡而不再具有。因此，濒死者，不论是未成年人，或是成年人，因为想到自己来日不多，想到自己将因为死亡而自动丧失若干权利能力，难免有即将失去权利能力的失落与遗憾。

（二）走向临终的关系失落体验

如果说以上几方面的失落及失落感，更多的是个人作为独立的生命个体面对死亡时的觉察和体验，这些失落体验多少具有哲学性，需要我们去思考和反思来觉察，那么，人作为一个社会存在，其在现实人生中所创造和赋予的社会关系，在遭遇死亡威胁时，给人的失落感或许更为真切、更为直接、更具有事实性和经验性。比如对失去配偶、失去亲友、失去自己拥有的财物等的体验。

即将失去配偶的失落。在人生的旅途上，芸芸众生，有男有女，有老有少，综述各奔自己的前程。而男女之间——一旦身心发育成熟，只要两情相悦，彼此相爱、相惜，即可私定终身，共缔白头偕老的婚约，而成为彼此的配偶。配偶是同甘共苦、同床共眠的伴侣，在颠簸不平的生命旅途上，夫妻之间，常常是有福共享、有难同当、相互扶持、相互依赖。可是，同年同月同日生，或许是可能的，而要伴侣与自己同年同月同日死，则是难上加难的。有朝一日，总会面对配偶一方先离开这个世界的场景。当一个人不幸遭逢厄运濒临死亡的绝路时，难免有即将失去老伴的失落与哀伤，会自然而然地担心在世的另一半，未来将何去何从？能够依靠谁？这往往是有伴侣的濒死者最难以宽心的挂念。

即将失去亲友的失落。在生命的海洋航图上，亲属和朋友是同船共渡的人生舞台过客。亲属的成员，包括直系血亲尊亲属（如祖父母、父母）、直系血亲卑亲属（如子女、孙子女）、旁系血亲尊亲属（与父母同辈以上之旁系血亲）、旁系血亲卑亲属（与子女同辈以下之旁系血亲）、姻亲，等等；而朋友，包括同学、同事、同仁等。由于"同船共渡"的人生经历带来的深厚感情，平日与亲属成员及朋友相互间的扶持关怀，实际上给人一种"生命共同体"的体验。因此，一旦面临死亡时，难免有即将失去亲友的失落、不舍与无奈感。

即将失去所拥有的财物的失落。在人生的旅程上，当个人完成了某一阶段的学校教育后，为了满足生活上的迫切需要，便自然会谋求一份与自己能力相当的职业或工作，以便换取薪酬、累积钱财。当钱财累积到一定程度，生活趋向稳定时，即开始有了置产的念头，不是购买汽车，就是以分期付款方式增购房屋；或许，还会根据自己的喜好与兴趣，添购古董以及名人字画等，珍藏屋内以方便随时观赏把玩，并借此陶冶性情、培养气质、提升生活品位。这些就是人在现实生命存在过程中所"拥有"的财物，尽管每个人所"拥有"的数量和种类不一样。但是，这些珍贵的古董以及价值连城的字画，只能供主人生前观赏把玩，却不能随主人死后转生到另一个世界。因此，濒死者，在面临死亡的旅程终点时，难免有即将失去所拥有的珍贵财物的失落、悲叹与遗憾。

一个有血、有肉、有骨骸、有躯体、有思想、有理智的正常人，在生存奋斗的旅程中，最怕听到的讯息，是自己的死讯；最怕面对的残酷结局，是自己的死亡。因此，当一个懂得珍惜自己生命的健康人，突然从医生的口中，听到自己罹患了癌症，或者将不久于人世，一定会有强烈的情绪情感反应及相应的生命行为。首先可能会震惊、怀疑、慌乱；其次会有强烈的失落感；再次可能会精神不振、情绪低落、茶饭不思、心绪混乱；而后产生沮丧情绪；最后看破生死，接受命运的安排，勇敢面对自己的死亡。任何一个人的生命失落，基本上都是依循"失落—沮丧—接受"的心理转变过程，一直到肉体死亡为止。

第六章

安宁疗护

——如何让自己死而无憾（下）

一、安宁疗护与尊严死亡

罹患严重伤病的病患，在医院病房治疗期间，如果经医师诊断已不能治愈，而且近期内将面临死亡的威胁，这时病患可能会震惊、失落，顿失生存的活力，如被判死刑一样，其心里的痛苦，恐怕远比肉体的痛苦来得更甚、更猛、更难受。此刻，病患最需要的，莫过于医护人员的慰藉与疗护，亲属的陪伴与照顾。

（一）终末期病人的尊严维护

通常人们会认为，终末期病人最主要的需求是解除肉体痛苦。但是，由于现代医学科技的迅猛发展，已经有越来越多的医疗措施可以控制晚期病人的肉体痛苦，而无法控制肉体痛苦的病人已经是很少的数量了。与肉体痛苦相比较，终末期病人的精神痛苦则日益凸显。这种精神痛苦主要来自对死亡的恐惧，以及需要他人照顾而带来的精神负担，再就是害怕临死之时尊严的丧失。

当已经被确认生命无可挽回之时，病人所面临的就只能是如何跨越生死之门的选择了。终末期病人所承受的肉体痛苦和心理痛苦，常常意味着尊严的丧失。而尊严对于一个人生活的意义与价值极为重要，常常构成一个人活下去抑或死亡的理由。当终末期病人的肉体痛苦和心理痛苦达到一定程度，以至于超过了病人的心理承受能力而无法得到缓解时，其个人尊严也就丧失殆尽。此时病人产生求死的想法是非常自然的。既然如此，选择一种最能满足尊严需求的死亡方式才是最好的结局。

出于对生命唯一性和生命神圣性的尊重，没有人希望终末期病人自己寻求死亡。终末期病人自己寻求死亡，实际上是由于生命的内在价值持续降低，以至于达到令人不可接受的程度时，所做出的一种追求个人尊严的行为。既然如此，只要病人的需求未对他人利益构成伤害，为了实现其价值尊严，就应该得到满足。实际上，在传统中国文化中，满足终末期病人的愿望或意志需求，乃是一种习惯性做法。比如，终末期病人要在死前见某位久未谋面的亲人，或者想要吃某种很喜欢但平时很难得到的食物，其家人通常会不惜代价，帮助其达成愿望。

同时，对医护人员和照护者来说，避免对终末期病人造成侮辱，其实就是在维护其死亡的尊严。在现代社会，人们过分迷信医学的权威，醉心于高科技医学抢救生命的功绩。人们把经过高科技医学的支持或干预后才死去视为现代社会人们的常态生命结局，而对那些所谓"高科技医学手段"对病人尊严的戕害和终末期病人对维护自身尊严的呼吁，却往往视而不见。这实际上是一种高科技迷信造成的社会悲剧。本质上，终末期病人并不是可以被随意支配的"物化"的存在，而仍然是具有与其他人相同道德地位的真实的人。他们对自己的死亡方式和死亡过程拥有支配和决策权利。

在现代医学情境下，存在许多种可能的死亡方式。比如，接受无效治疗，被疾病耗尽生命而死；放弃治疗，或听任死亡，死在家中；自杀；仁慈杀人与医助自杀；安宁疗护与安乐死。尊严死亡意味着良好的死亡品质，亦即肉体上没有痛苦，死得自然，精神上没有愧疚，无负面情绪；尊严死亡还意味着在怎样死的问题上病人的意志选择受到尊重，未被强行实施违背病人意愿的治疗措施。由此而言，能够较好地满足病人尊严需求的，只有仁慈杀人、医助自杀、安宁疗护和安乐死。放弃治疗，或听任死亡，死在家中，能够部分地满足病人的尊严需求，但是与其他方式比起来仍是不够令人满意的。仁慈杀人其实是对安乐死的别称，医助自杀则是为了规避安乐死实施中医生的杀人嫌疑，是安乐死的一种变形，所以，能够较好地满足病人尊严需求的，实际上只有安乐死和安宁疗护。但是，安乐死与安宁疗护在本质上有是有区别的，真正能够完全满足尊严死亡需求的，实际上只有安宁疗护。

（二）安乐死与死亡尊严

就属性来看，安乐死可分为"积极的"与"消极的"：前者是指打针或服药等"主动作为"所进行的死亡，这也是一般人所理解的安乐死；后者是"被动不作为"，包括中断医疗甚或基本照顾而导致死亡。就意愿来分，则可以分为"自愿性"与"非自愿性"：前者是意识清楚的病人，借由预嘱或预留医疗指示来表达危急时的医疗意愿；后者还可以分为"非自愿"——当事人没有表示意愿，以及"不自愿"——无法表示意愿时，由他人代为执行。

将"属性"与"意愿"交叉组合，我们可以看到，安乐死实际上有四种情形：（1）自愿消极的安乐死：拒绝治疗。医护人员顺应不可治愈病患的要求，不使用心脏按摩、电击、插管等积极性的治疗方式。争议性最小。（2）非自愿消极的安乐死：撤除治疗。医护人员对于为疼痛所苦的末期病人，未经其同意停止营养剂的供给而任其死亡。这种情形多发生在有缺陷的新生儿、心智不足的病患，以及受到长期照护的植物人身上。争议亦较小。（3）自愿积极的安乐死：慈悲杀害。医护人员经末期病患同意后，采取如注射等导致死亡的行为。争议比较大。（4）非自愿积极的安乐死：蓄意杀害。未经病患同意所采取导致死亡的作为。争议最大。

关于安乐死，争论的核心是生命价值、生命自主与生命道德问题。

反对安乐死的人认为，生命是神圣的，人们无权自主选择，而且安乐死违反爱生恶死的众生本性，不易确定患者的心理意愿以及代理判断。最大的问题则是滑坡效应或流沙效应。以安乐死结束生死，如同斜坡上一路下冲的车辆，很难停止因别的理由结束病人性命的趋势，助长医生、家属或其他人士的权利滥用。比如以经济困难的理由或明或暗要绝症患者同意早死，也有如社会保障制度性压力造成非自愿安乐死的情形。

安乐死合法化的倡议者，则是把病患寻死的权利视为生命权的重要部分。每人都有权利尊严地离开世间，人们不害怕死亡的结果，但畏惧死亡的过程，安乐死的选择会带给人们活下去的勇气。赞成者将安乐死称为"安详的解脱"，自己可以掌握死亡的时间与方式，从容做好准备，如美国俄亥俄州《尊严死亡法》实施以来，依法结束生命者在死前并不沮丧，且对死亡更为豁达。至于为人诟病的滑坡效应，必须假定人已失去选择与判断的能力，否则就不应成立。

综合而言，赞成与反对安乐死的主要论点可以列表如下：

观点	赞成者	反对者
生命自决	每个人应该有着生命自决权，这一点不损害他人权益，法律也不应干涉才是	根据生命神圣原理，生命是造物者的恩赐，而非个人的权利，且末期病人在身心煎熬下很少真的有着全然的自主权
医学观点	医学进步对患者而言有时不是福音，反倒是一种延长痛苦的折磨，丧失人之所以为人的尊严与质量，形同"活着的死亡"	活着就是希望，医学总带着某种程度的无可预测性，在等待时间内可能发展出新疗法或开发新药。更何况，安宁照顾已可解除绝大部分的痛苦
家属负担	家属的生活质量被剥夺，经济负担加重，精神压力非常人所能体会，拖垮整个家庭	强化社会福利，可以有效减轻家属负担。这方面若处理不好，就是明显的政府失职
医疗支出	以极少花费换取庞大的医疗支出，有利资源的重新分配	产生滑坡效应或流沙效应，立法者易生怠惰，后续不良效应势将难以控制
自杀防治	安乐死无关自杀防治，甚至可达到尊重生命的目的	安乐死对于积极推动的自杀防治，有着不良效应
误诊风险	这关系到医生、医术与医德，什么时候都会发生有误诊的情形	濒死者病因复杂，相对的也存在着更多误诊风险

对于安乐死，基于当事人的意愿及医生的判断，相对而言，自愿性的安乐死较为人们接受和支持。但是，即使接受这种自愿性的安乐死，也会产生与安乐死执行者的价值观冲突。至于非自愿性的安乐死，因为牵涉到"代为判断"与"最佳利益"的伦理原则，侵害到个人的自主权，在道德与法律的判断方面非常困难，所以难以被人们接受。

　　安乐死在本质上是以使病人无痛苦地结束生命作为帮助终末期病人摆脱痛苦的手段。因此，如果从生死观念和对医学的认识而言，"安乐死"观念的提出，实际上代表了一些新的理念，比如：（1）承认医学的有限性，接纳死亡；（2）现代医学不仅可以救生，在必要时也应该促死；（3）违背病人意志继续维持极度痛苦的生命是一种不人道的行为；（4）终末期病人选择死亡方式既是其权利，也是对自己尊严的维护。

　　承认医学的有限性，接纳死亡。这种理念认可人的生命不能无限延长。接纳死亡就是不再把死亡视为人类的敌人。某种情况下，死亡甚至可能是人类的朋友，比如对无法解除痛苦的终末期病人来说。接纳死亡的理念不再把病人的死亡视为医生的无能和医学的失败，而是把死亡作为人类的一种需求来看待。安乐死通过医学手段控制终末期病人死亡的时间，帮助病人没有痛苦地离世，是人类对自己命运的自我掌控，是人类进一步成长和成熟的表现。

　　现代医学不仅可以救生，在必要时也应该促死。这一理念与传统医学中认为医学只可救生，而不能促死的理念截然对立。传统医学认为，促死违背了医学的救生理念，玷污了医学的声誉，使医生变成恶魔。安乐死的支持者认为，医学的本质并非救人生命，而是助人除痛祛病，维护健康。如果一个人身患无法治愈的恶疾，并且非令其死无法解除痛苦，而病人也有此强烈要求，那么，用医学方法帮助他安详离世，就是一种符合现代医学目的的做法。把避免早死，追求安详死亡视为现代医学目的，就是对现代医学不仅可以救生，在必要时也应该促死理念的认可。现代医学接纳了这一理念，实际上为实施安乐死打开了伦理学大门。

　　违背病人意志继续维持极度痛苦的生命是一种不人道的行动。这一理念直指现代医学中不考虑病人意志而强行维持极度痛苦的终末期病人生命的行为。虽然从医学角度看，相当多的终末期病人仍然意识清醒，拥有良好的思维能力和判断能力，能够理性地为自己的生命进展做出选择，但是这种情况往往被医护人员和病人家属所漠视。这造成了很多终末期病人在极度治疗之后生命耗尽而死，或者在现代医学手段的勉力维持中生命被疾病和痛苦慢慢吞噬。不考虑病人意志而强行维持一个痛苦的生命，显然是一种残忍的行动。安乐死的这一理念要求现代医学要认真考量病人的体验，要倾听他们的所思所感，要与他们商谈，由病人和家庭共同决策。

终末期病人选择死亡方式既是其权利，也是对自己尊严的维护。安乐死的支持者认为，终末期病人的主体地位应该得到足够的重视和尊重，他们对自己剩余的生命时间有权利做出自己的安排。无论是选择治疗还是生命维持，抑或是死亡，都是其权利。对无法解除痛苦的终末期病人来说，他们选择自己的死亡方式，如果那种死亡无害于社会和他人，则因为那种选择展示了其意志能力而会彰显其作为一个人的尊严。

安乐死的核心思想乃是通过消灭病人的生命存在来帮助终末期病人摆脱痛苦，其逻辑前提是，生命的存在乃是肉体的和心理的痛苦之源，非死不能解除难以忍受的痛苦。真正的安乐死必须是终末期病人自己选择的行为，自愿是安乐死的一个重要特征。从安乐死的本义来说，自愿的意思表示并非病人一时的头脑发热或情绪冲动所致，而是病人从自身的生存处境和切身体验出发，根据自己的人生阅历和对生命与死亡的深刻理解，综合权衡生存与死亡的利弊得失之后所做出的理性抉择。

客观地说，在只有死亡才能让终末期病人摆脱不可忍受的痛苦和尊严丧失的情况下，安乐死无疑是一种让人获得尊严死亡的自主理性选择。但是，在现代缓和医疗和安宁疗护发展起来以后，安乐死本身的不足就显得特别明显了。因为不管是哪一种形式的安乐死，都是人为地缩短生命，病人的死都不是"自然的死亡"，而是纯粹"人工的死亡"。就痛苦与生命两者之间的张力而言，安乐死是为了解除痛苦而终止生命，而安宁疗护则是为了生命而解除痛苦。这两者的目标是完全不一样的。正因为如此，安乐死才不那么容易被合法化，而安宁疗护却得到了普遍的认同、推广和法律支持。

（三）安宁疗护与死亡尊严

相对于安乐死而言，安宁疗护是人们更愿意也更能够接受的终末期病人获得"尊严死亡"的途径。当然，这需要病人、家属以及医护人员等对生命与死亡有一些新的理念，比如安宁疗护特别强调的一些理念：接纳死亡的理念，生命质量重于生命数量的理念，以及尊重晚期病人的生命、权利和尊严的理念。

接纳死亡，是指承认所有生命都存在死亡的必然性，死亡是人类生命的自然组成部分。就此而言，医学具有有限性，即医学只能救人于生，但不能救人于死。终末期病人的死亡并非医疗的失败，而是生命发展的必然结果。终末期生命并非令人生厌的生命阶段。虽然它通向死亡，但是它为终末期病人提供了进一步完善自我和个体发展的最后机遇，即所谓"生命成长的最后阶段"。现代社会不应该回避和拒绝死亡，而应该接纳死亡，把死亡视为人类生命的一部分，视为生命发展的必然结果。安宁疗护接纳死亡，代表了人类对自身生命的新认识，是人类掌控自身命运的新表现。

生命质量重于生命数量，也就是说，活得好要比活得长更好。活得好就是要活得健康、快乐、幸福，例如没有残疾，没有慢性病缠身，身体功能良好，能感受生命的快乐与幸福等。所谓"生命数量"就是指人的寿命长短，而所谓"生命质量"则是指生命的健康状况及主体感受到幸福的程度。现代安宁疗护学说认为，生命质量比生命数量更重要，提高终末期病人的生命质量是现代安宁疗护服务的根本宗旨。因此，安宁疗护事业既不刻意延长终末期病人的生命以徒增其痛苦，也不会刻意缩短病人的生命以促其解脱，而是着力提高终末期病人的生命质量，尽最大可能使其在有限的生命时间里享受到作为一个人应该享有的快乐与幸福。

尊重晚期病人的生命、权利和尊严，就是把终末期病人的生命视为同健康人一样拥有权利和尊严的生命；其权利和尊严既不可亵渎，更不容侮辱。终末期病人虽然处于生命的最后阶段，但仍然拥有人的主体性和作为人的道德地位，应该享有同其他人一样的基本权利与尊严。从医学角度看，相当多的终末期病人仍然意识清醒，拥有良好的思维能力和判断能力，能够理性地为自己的生命进展做出选择，如他既可以要求进一步的治疗，也可以选择放弃治疗。终末期病人理性的、不伤害他人利益的行动选择应该得到尊重和支持。如果他认为某种死亡方式对他而言更有尊严，他有权利那样死亡。

安宁疗护事业是一项让终末期病人获得"尊严死亡"的人道主义事业。由于其接纳死亡，不刻意追求延长或缩短病人的生命，而只看重病人生命质量的提高和病人对生命快乐与价值的体验，所以它使得终末期病人既避免了无意义的痛苦治疗，又避免了面对死亡的惶恐与无助，病人的余年生命成为真正有意义、有价值的生命。由于其尊重晚期病人的生命、权利与尊严，所以它使得终末期病人可以重新成为自己命运的主人，并得到诸多关照，享受人之为人的尊严。

安宁疗护的核心内容，是医务人员和照顾者对终末期病人所提供的一套缓和医疗服务，根本上说，它要解决的并不是疾病的治愈问题，也不是病人生命的延长问题，而是病人生命质量的提高问题。安宁疗护的工作重点，是通过各种医学措施，如临终护理、疼痛控制、营养治疗、临终康复、心理关怀、死亡教育等实现对病人躯体症状的控制和心理与精神痛苦的抚慰。

由于安宁疗护接纳死亡为生命的一部分，重视生命的质量胜于数量，尊重病人作为人的生命、权利与尊严，避免了病人在生命的最后阶段受到非人的待遇和侮辱，维护了终末期病人的生存与死亡的尊严。安宁疗护对终末期病人来说，最重要的意义在于帮助他们实现"安宁地生，静美地死"的人生境界。通过各种控制痛苦的医学措施，安宁疗护帮助病人消除各种症状，不受痛苦折磨，并保护其身体和容颜不受毁损，以保持其体貌尊严。在其死亡之时，安宁疗护仍积极帮助病人控制各种躯体症状，帮助其在安静、祥和、没有痛苦的状态下离开世界，避免其受到现代医学"英勇治疗"之辱。因此，安宁疗护可以帮助病人达到"生如夏花之灿烂，死如秋叶之静美"的人生境界，获得尊严死亡。

二、缓和医疗与安宁疗护

安宁疗护作为帮助终末期病人实现尊严死亡的方式，是以"缓和医疗"观念及相关手段的发展为前提的。实际上"缓和医疗""安宁疗护"，甚至"临终关怀"，几个概念都是从西方语言翻译过来的，有时它们所指称的几乎就是同一件事情。由于是从西方文献中翻译过来的用语，因此也导致有好几个相近的概念，让人们容易混淆，比如：缓和医疗、姑息疗法、临终关怀、安宁疗护。这几个词都是从两个英文短语翻译过来的，又因为不同的国家或地区翻译不一样，导致出现多个概念。

（一）从 hospice care 到 palliative care

"hospice"（安宁院）原指朝圣途中的驿站。1879年，柏林的一位修女玛丽·艾肯亥将其修道院主办的安宁院作为收容晚期癌症病人的场所，这是有记载的最早专门对晚期癌症患者进行照护的机构。1905年，伦敦的另一位修女办的一家圣约瑟安宁院，也专门收容癌症晚期患者。正是在这所安宁院内，培养了现代安宁疗护之母——西西里·桑德斯。

西西里·桑德斯1918年生于英国，1940年成为护士。有感于当时的医疗对癌症末期病人照顾不足，往往被视为医师遗弃了的病人，于1951年攻读医学院，1958年成为医师，经多年努力终于在1967年于伦敦建立了世界第一座现代化兼医疗科技及心理照顾的圣科利斯朵夫安宁院，并发展成为全世界现代安宁疗护的典范。桑德斯女士亲自带领医疗团队着手进行一系列的癌症的镇痛研究及灵性关怀。从1967年圣科利斯朵夫安宁院成立开始，现代姑息医学的模式就此确立，其后，这种模式逐渐地被世界各发达地方接受和推广。

桑德斯自20世纪60年代起多次前往美国不同城市推广临终关怀，这感动了有"美国临终关怀运动之母"之称的佛罗伦斯·华特。桑德斯于1981年获颁"邓普顿属灵现实研究或发现促进奖"（简称邓普顿奖），大会形容她的工作"在严谨的科学方案中融合了独特的社会及心灵醒悟"，后被英国皇室授予爵士爵位。1976年在美国康涅狄格州成立了美洲的第一家安宁院，此后圣科利斯朵夫模式的善终照顾的安宁院在欧美各地建立。

1987年，palliative care（缓和医疗）被英国卫生管理部门正式确定为一门独立的临床医学专业，这一决定得到政府和社会各界的广泛支持。在此之后，基础教育、继续教育和缓和医疗团队建设逐步完善；法律、保险、社会支付也逐渐形成体系。

从"安宁院"的"临终护理"到"姑息治疗"，再到现在的"缓和医疗"，缓和医疗已经发展为独立的医护体系。相对于临终关怀（安宁疗护），缓和医疗的意义似乎更为广泛。目前，世界卫生组织规定，每年10月第2个星期六为"世界临终关怀与缓和医疗日"。

"缓和医疗""舒缓医疗""姑息疗法"来源于英文palliative care，本意是"缓解""保守的疗法"，国内最初翻译为"姑息疗法"。而"舒缓医疗"是日本、中国台湾省对"palliative care"的翻译，也能直观地表达此疗法的目的，即让患者舒服。

世卫组织提出的"缓和医疗"原则有三：（1）重视生命并承认死亡是一种正常过程；（2）既不加速，也不延后死亡；（3）提供解除临终痛苦和不适的办法。2002年，世界卫生组织对缓和医学的定义进行了修订，特别考虑到"躯体、精神心理、社会和灵魂"（简称为"身、心、社、灵"）的需求。世界卫生组织发布的这一概念的定义和原则，大大推动了缓和医疗及安宁疗护的学科建设和临床实践。

"临终关怀""安宁疗护""安宁疗法""宁养照护"则来源于英文

hospice care，本意是疾病晚期病人的安养院、收容所，目前大陆多使用临终关怀这个词，台湾地区使用安宁疗护。

世界卫生组织定义中指称"安宁疗护"的英文是"palliative care"，其中的"palliative"，原来是指"大披肩"或者"大斗篷"之类有遮掩保护的服饰。很长时间以来，"palliative care"的中文译法颇为多样："缓和医疗""舒缓医疗""安宁医疗""宁养照顾""姑息治疗"等，基本上是指同一件事。不仅如此，也有人将"hospice care"（临终关怀）与"palliative care"混用，因为两个词汇中包含的内容确实有重叠的地方，而且也很相似。

但是近年来，随着学科的发展，安宁疗护牵涉到越来越多的学术、法律和保险支付等问题，因而，明确两者的区别开始日益被学人重视。一般认为，"安宁疗护"或者说"缓和医疗"，是与疾病早期以治愈疾病、延长生命为目的的"延命治疗"同时开始的，而"临终关怀"则只针对生命不超过六个月的末期病人。

不论"hospice care"还是"palliative care"，care都是关键词，而不是用treat。因此，护士在缓和医疗中实际上起主要作用。在我国台湾的在安宁病房中，护理师扮演非常重要的角色。除医生、护士之外，还有大量社工、志愿者、居家护理师、宗教师、心理师、关怀师等参与到疗护过程中。

缓和医疗（安宁疗护）既不让末期病人等死，不建议他们在追求"治愈"和"好转"的虚假希望中苦苦挣扎，更不容许他们假"安乐"之名自杀，而是要在最小伤害和最大尊重的前提下，让他们的最后时日尽量舒适、宁静和有尊严。今天的缓和医疗（安宁疗护）已经不等同于临终关怀，而是涵盖了临终关怀的概念，是对于老年病、慢性病和危重病人，从确诊开始的全程照护和对症治疗。

（二）破除对安宁疗护的迷思

工业革命以来，医学主流是"生物医学模式"。"生物医学模式"，顾名思义，就是把人看成生物。人既然是生物，疾病和健康自然也都是生物学问题。这个看法作为"模式"，在很长时间引导着整个医学学科的发展。在这种模式下，由于一切生物学的过程都可以还原成某种物理或者化学过程，疾病过程概莫能外；于是，医学便千方百计地以物理和化学手段发现和纠正这些"异常"。绝大部分现在熟知的医疗行为如化验、诊断、检查、用药、手术、抢救，都是以此为目标的。在这种模式指导下，医学获得了有目共睹的成绩。

但是，问题在于，人不只是一个生物体，疾病也不只是发生在身体上的物理化学变化。第二次世界大战之后，因为有了战争和苦难的洗礼，人类对自身认识逐渐深入，生物医学模式也遭到质疑。越来越多的科学家和学者认识到，日益现代化的社会中，将人只看成简单的生物体是非常不恰当的，甚至是危险的，将人的疾病简单理解为可以还原为物理或者化学过程的生物学过程，也是十分机械和简单的。系统论方法出现后，人被理解为更合乎情理的生物、心理和社会三种属性的统一体。如此，人的健康和疾病不再仅仅是个简单的生物学问题，而是有心理、社会和生活方式因素参与的复杂过程。人不应该只作为生物体，被医疗无限制地"治"和"救"。

与此同时，在医疗服务被人越来越强烈地需求的今天，严谨的病理学研究却证明，临床上确实存在着颇为恒定的三个三分之一的现象，那就是：三分之一的伤病，治不治都能好，比如感冒、轻度外伤，它们的痊愈是靠自身的抵抗和自愈能力；三分之一的伤病，治不治都好不了，比如晚期癌症，严重创伤；还有三分之一的伤病，只有诊断及时，治疗正确，医疗手段才能带来有益的转归，这还要排除医生或医疗仪器造成的诊疗失误以及因此造成的医源性伤害等。面对如此复杂的情况，医学不得不停下来思考：是继续勇往直前、横冲直撞、不计后果地"治病救命"，还是"缓和"下来另寻出路。

缓和医疗（安宁疗护）既可以被理解成在不可抗拒的死亡和有局限的医疗手段面前的"示弱"，也可以被理解为是在对人的本质进行深入思考后的文明和理性的结晶。在医疗的根本目的不再是简单的救治病人和延长生命，而变成了关注人的存在质量和全面健康的今天，按照缓和医疗的观念，在不可治愈的疾病末期，我们不再强求治愈疾病，而是在充分知情同意的基础上，放弃一切徒增痛苦的检查和治疗，包括生命支持系统和临终过度抢救，帮助他们以尽量舒适、自然和有尊严的方式离世。

为此，我们必须破除一些对安宁疗护的迷思，正确地理解安宁疗护的本质。

迷思之一：安宁疗护只适用于临终病人。

安宁疗护最初虽然是以临终病人的治疗为主，但现在已经发展为与人的疾病生死全程相关的缓和医疗模式，即同时进行抗癌治疗与安宁缓和医疗的"安宁共同照护"，既帮助患者缓解疼痛和副作用，也促使人们学会沟通与陪伴，在各种伦常关系中找到人性进步的痕迹。

安宁疗护（姑息治疗、缓和医疗）不只是限于患者的临终期间，而是适用于疾病的任何阶段，甚至延续到对丧亲者的支持。此外，不只是癌症患者，心血管疾病、慢性肺病、艾滋病、糖尿病患者都可能需要姑息治疗的支持。

迷思之二：安宁疗护等于安乐死。

痛不欲生、尊严尽失，是病人选择安乐死的主因。接受安宁疗护的病患，不是因为痛苦而选择人为地结束生命。相反，是通过一系列缓和的医疗照护模式，减轻病患身体、心理、灵性精神多方面的痛苦，让病人在生病期间尽可能有较高质量的生命品质。由于痛苦得以减除，病患者反而会把握每一个当下，激发起爱与宽恕，学会珍惜与包容。换言之，安乐死是为了解除痛苦而结束生命，是为了结束痛苦而有意识地缩短生命；安宁疗护则是为了生命而解除痛苦，既不延长生命也不人为地缩短生命。

迷思之三：安宁疗护等于放弃治疗。

希腊神话中打开潘多拉盒子之后，仅剩的最后一项东西就是"希望"。其实，安宁疗护是病末的希望，而不是等死的地方。在安宁疗护的过程中，所有工作人员都需要接受严格的训练和不断的进修，除了传统治疗外，也会辅以其他另类疗法来强化疗效，如使用芳香治疗来舒缓情绪、以怀旧治疗来化解伤害、以音乐治疗来鼓舞心灵、以触摸治疗来增加慰藉、以喜乐治疗来强化免疫、以艺术治疗来呈现感受、以催眠疗法来进入冥想，甚或以宠物治疗来维持愉悦。所以，安宁疗护并不等于放弃治疗，而是放弃激进的以治愈为目的的治疗，但是依然坚持以照护和减少痛苦为主的缓和性治疗。

迷思之四：安宁疗护等同安养中心。

安宁疗护除医院治疗外，也强调让病人回到家中，恢复正常的生活。出院有两种情况："MBD"（maybe discharged），病情稳定或康护可以出院；"AAD"（against advice discharge），违抗医嘱出院。癌末病人另有"DDT"（discharge due to terminal），意为病危出院，留口气回家。基于尊重生命与病人自主权，癌末病人应该没有"AAD"的状况。当病情回稳时，病人可以"MBD"回家，继续接受安宁居家疗护；若病情恶化，则以"DDT"返家接受临终照顾。患者在家若出现紧急病症，仍须立即回院接受治疗，故安宁疗护并非安养中心。

总之，安宁疗护既不是让末期病人等死，也不建议他们在追求"治愈"和"好转"的虚假希望中痛苦挣扎，同时也不容许他们假借"安乐"的名义自杀；安宁疗护根本上是要在最小伤害和最大尊重的前提下，让他们的最后时日尽量舒适、宁静和有尊严。

死亡虽然是生命必经的终点，但现代医学将原本代表家族绵绵繁衍与团结意涵的寿终正寝，当成是疾病、孤寂、残酷、惊恐、冷漠、没有人性的议题。安宁疗护力图使冰冷的医学科技变得温暖，不再只是外在身体"病"的治愈，而是内在心理"痛"的缓解，而且更加要强调家庭、社会的灵性照顾。在安宁疗护的理念中，更多的是强调自然法则，既不加速、不加工、不延后也不等待死亡，是让病人"安乐活"，而非"安乐死"，以实现"生死两无憾"的理想。

（三）安宁疗护的理念和分类

安宁疗护是主张对于即将面临死亡的重伤或罹病病患，施予缓解性、支持性的医疗照护；或当病患症状危急、面临死亡关头时，不施予心肺复苏术——即不施予气管内插管、体外心脏按压、急救药物注射、心脏电击、心脏人工调频、人工呼吸及其他救治行为，而任由病患自然死亡，以代替安乐死。

世界卫生组织定义的安宁疗护（姑息治疗服务）包括缓解疼痛和其他令人痛苦的症状；维护生命并将死亡视为一个正常过程；既不加速也不延迟死亡；整合患者护理的心理和精神内容；提供支持系统，协助患者尽可能过上积极的生活，直至死亡；提供支持系统，协助家庭应对患者患病期间及他们丧失亲人的痛苦；利用团队方法，处理患者及其家庭的需求，包括在必要情况下提供居丧辅导；将提升生活质量，还可能对病程产生积极影响；可以在病程早期，与其他旨在延长生命的治疗手段一起应用，包括化疗或放疗，还包括需要开展的调查，从而更好地了解和管理令人痛苦的临床并发症。

如果做进一步的归纳，安宁疗护的理念可以概括为如下几点。

首先，全人照顾的模式。安宁疗护不是为了"痛苦"而解决"人"，而是为了"人"去解决"病苦"，从"治愈"的医疗模式转成"照顾"的全人关注模式，以舒适疗法取代急性医疗模式，或以症状缓解法替代化学治疗，使人们重新思考"视病犹亲"与"感同身受"的生命真谛。通常，这种全人照顾模式也被概括为"四C""四全"的理念。

"四C"分别为：comfort（尽量让病人舒服）；competence，concern，compassion，confidence：尽专业能力并给予关注、同情，让家属可以依赖；communication：倾听病患心声；continuity：生活的持续性。

"四全"是指"全人"，将病患视为一个身心灵社整体的人，而不是只关心他的疾病；"全家"，不只是照护病人，也要照护病人家属；"全程"，从住院到居家照护、死亡以及家属悲伤辅导的全过程；"全队"，由医师、护理师、社工师、宗教人员、志工等专家，并且视情形加入营养师、物理治疗师、艺术治疗师、心理师、药师等组成一个照护团队。很显然，"四全"照顾，更加注重的是病人的想法，而不是医疗人员的单向思考。

其次，尊重病人的权利。安宁疗护尊重病人权利，包含了病情告知、让病人有机会表达放弃急救的意愿、参与疗程，以及尊重个人的价值观、宗教观、死亡观。

安宁疗护的观念强调，患者拥有知情同意权。知情同意也是医学伦理的基本准则，它要求患者与医师进行合作，以实现理想的和恰当的医疗保健的共同目标。当然，病情告知是项艺术，因人、因情况而灵活变通，绝无一成不变的回答方式。当医疗专业人员与病人建立信任及亲善的关系之后，会发觉这个问题并非困难，以诚相待，有时无声胜有声。

最后，提升生命的质量。大多数的癌末住院病人希望回到家中，但只有少数人可以如愿以偿，在清楚的意识下控制疼痛，与家人共度余生。安宁疗护不限于病房，还有居家和日间照顾，让生命质量得以提升。

我国台湾地区有"安宁疗护之母"之称的赵可式博士，就安宁疗护的理念提出三三四四（善生善死）的概括，是对安宁疗护理念的很好总结。

三善：病人善终、家属善别、活着的人善生；

三平安：身平安，心平安，灵平安之身心灵三平安；

四全照顾：全人照顾、全家照顾、全程照顾、全队照顾；

四道人生：道歉、道谢、道爱、道别。

根据不同情况，安宁疗护可以有不同的分类。

从病患疗护的处所来分类，有住院疗护及居家疗护等两种。住院疗护是指罹患疾病的病患，长期或短期寄住在医院内病房，而由医院内组成之医疗团队，按日或随时实施疗护照顾的临床措施。至于居家疗护是指罹患疾病的病患，经长期或短期住院疗护，病情已好转或病情已能控制，自愿出院在家疗养，而由医院指定专责之护理人员，随时或定期亲赴病患居所，施以疗护照顾之临床工作。

从病患住院疗护期间的长短来分类，安宁疗护的照顾，有长期疗护与短期疗护之分，前者照护的期间，由几个月至几年，不确定；后者的照护期间，由几天至几星期，没有一定的期限。病人住院疗护期间，常由医师、护理人员、志愿者等组成的团队，为病患解决身、心、灵方面的痛苦、空虚、寂寞与死亡的恐惧与迷惘；而且，除了慰藉病患及其家属外，并可能根据病患的信仰和生活经历，以宗教、艺术等多元活动提升病患的心灵层次，鼓舞其与病魔搏斗的勇气。

从病患日夜间照护之不同来分类，安宁照护有全日照护与日间照护等两种。全日照护是指住院的病患，由早晨到夜晚，由上午、中午、下午到晚上，整日躺在病床上疗养，并接受医护人员的医疗与照护。日间照护是指病患仅在日间住院，接受医护人员的医疗与照护，夜间即出院返家疗养，与家人共同生活。医院推广日间照护的目的，一方面是为了解决病患在家乏人照护的困境，另一方面也是为了解决病患的孤独与医疗问题，使家属日间能安心上班工作，夜晚又能照护病患，与病患生活在一室，共享天伦之乐，不致导致病患心灵空虚、孤独、落寞，是一种良好的照护制度。

不过，虽然将安宁疗护如此的分类，但真正符合"安宁疗护"理念与精神的，只有长期或短期住院接受医疗团队疗护、照顾与关怀的临终病患，由此发展出来的居家疗护和日间照护，只是为了因应病患或家属的需求，由安宁疗护延伸发展而成的新模式疗护制度。

（四）末期病人可能的几种选择

在一般情况下，末期病人通常有三种选择。第一是回家。既然治不好了就只有回家。客气的医生会告诉病人"回去想吃点什么吃点什么，想喝点什么喝点什么……"，其实说得不好听，就是让病人回家"等死"。第二种选择是病人留在医院继续跟疾病"斗争"。因为战胜疾病的奇迹永远激励人心。好听的说法是"不放弃希望"，不好听的说法是"死马当活马医"。第三种选择很激烈，因为不愿忍受痛苦和拒绝成为别人负担而

"安乐死"。好听的部分叫"安乐"，不好听的部分是那个躲不过的"死"。但是，在很多国家，安乐死有很高的法律和道德风险。

让末期病人在没有专业人士的帮助下回家，与其说是对病人和家庭的巨大挑战，不如说是巨大灾难。因为没人知道，在死亡来临之前，末期病人会遇到多少不能处理的问题。而留在医院坚持，最后的日子多半要在重症监护病房中度过。拖延多少时日，忍受多少痛苦还不说，人财两空往往是必然结局。对安乐死引起的伦理危机和法律困境是很明显的，这种医生协助下的自杀，就算真能帮助一些人脱离苦海，这种行为也是违背医生职业道德的。

与这三种选择相比，安宁疗护和缓和医疗可算是最为现实和有意义的选择。它既不让末期病人等死，不建议他们在追求"治愈"和"好转"的虚假希望中挣扎，更不容许他们借"安乐"之名自杀。而是要在最小伤害和最大尊重的前提下让他们的最后时日尽量舒适、宁静和有尊严。安宁疗护关注的中心是病人的舒适、安宁和尊严。

末期病人最常见的一组身体症状是由一系列功能紊乱和退化引起的，包括疼痛、出血、浮肿；脱发、消瘦、外貌巨大改变；咳呛、吞咽困难；憋闷、喘息；恶心呕吐、腹胀、食欲不振或根本不能进食；排泄不畅或失禁；衰弱、焦虑、幻觉、失眠或倒错；各种程度的意识混乱或缺失……这个单子可以列得很长。

同时，死亡带给病人的精神压力常常超过身体不适。其中恐惧和忧虑最为显著，最常见的是：要忍受难以忍受的痛苦；死亡带来无边无迹的迷茫；经济重担；来不及完成未了心愿；丧失自我，成为别人的负担；没有隐私，不能维持起码的尊严；给家人带来伤痛……这个单子可以列得很长很长。

安宁疗护就是在体察所有这些不幸和痛苦之后，不再首先考虑治愈疾病，而是首先考虑病人的舒适、安宁和尊严，并由此规定自己的任务，这些任务大致可以归纳为：提升病人生活质量；将因临终末期病症所引起的所有痛苦和不适减至最低；在得到舒适照顾的同时保有尊严；获得充分正确的医疗资讯；有自主性的医疗决策；进行余生规划和完成未了心愿，包括有足够时间与亲人告别；圆满看待有意义的人生；亲人离世后，对家属进行慰藉。

当然，要完成这些任务，单靠医务人员是不够的，而是需要多方面专业人士的合作。所以，安宁疗护前所未有地强调跨职业的团队合作。运作良好的团队，一定不单是由医务人员组成，心理师、营养师、有经验的社会工作者、宗教人士、志愿者，还有音乐或者香薰治疗师等，都是必不可少的成员。

同时，末期病人希望达到的生活品质，通常需要在一个温馨的环境中才可能真正实现。家是人感觉最温馨的地方，所以，对那些希望在家中离世的末期病人，安宁疗护团队也会非常支持这种愿望，并提供足够的居家照顾。而对那些不具备条件在家中辞世的病人，安宁疗护病房则是一个"像家一样温暖"的地方。

通常，一个完整的安宁疗护病房，应该包括以下这样一些设施：安静并注意私密的病房；两人以上的房间，床位之间要有能开合的遮挡物；只需很少力气就能让病人自己操控的电动轮椅和多功能病床；无障碍并有防跌倒扶手的卫生间、走道和其他移动空间；能举办小聚会或展览的多功能厅，通常有不间断的咖啡或茶水供应；能进行简单烹饪的厨房；适合与家属共同进餐的餐厅；特制洗澡设备，供衰弱到不能行动的病人使用；室外花园和活动场所；"回顾生命"所需的小空间和影像编辑设备；弥留时供单独使用的，适合不同信仰的仪式的告别室。

在这个尽量舒适的环境里，最受尊重的是病人。不仅所有的硬件设施最先考虑到他们的需求，在精神上，他们也是这里的主人。一切决定都要经过病人的同意才能执行。医生提出的建议和措施也本着这种精神，是对病人最没有伤害、困扰和最接近自然的。比如，如果病人能吃，就不输液和打针。除非不得已，不在病人身上插管子，不使用生命支持系统等。总而言之，病人对自己有完全的决定权。医务人员的职责是解释所有建议和措施的作用，以及它们带来的后果等。

三、安宁疗护如何帮助我们

安宁疗护不只是一套观念，更重要的是，它是一套可以切实帮助我们的措施和实践行为，是医护人员、病人自己、亲属、社会志愿者等可以共同参与的一套行为方式，具有实际的可操作性。2017年1月，中国国家卫生计生委制定和发布了《安宁疗护中心基本标准（试行）》《安宁疗护中心管理规范（试行）》和《安宁疗护实践指南（试行）》三个中国安宁疗护发展的官方正式文件。《安宁疗护中心基本标准（试行）》从床位、科室设置、人员、建筑要求、设备等方面提出了设置安宁疗护中心的基本标准。《安宁疗护中心管理规范（试行）》从机构管理、质量管理、感染防控与安全管理、人员培训、监督与管理等方面对安宁疗护中心的运作提出了明确的要求。《安宁疗护实践指南（试行）》则从症状控制、舒适照护、心理支持和人文关怀三个维度对安宁疗护的实践措施提出了非常详尽的规范要求。三个文件各有侧重，为中国安宁疗护事业的发展起到了引导和规范的作用。在这些文件的指导下，2017年，已在全国五个市区开展了第一批安宁疗护试点工作，经过一年多的开展，取得了很好的成效。2019年6月，国家卫生计生委决定开展第二批安宁疗护试点工作，试点扩大到上海全市和其他省份的71个市区。

（一）安宁疗护中的症状控制

在安宁疗护尽量人性化的措施中，最重要的是症状控制。如果不能用确实的医疗手段将末期病人的身体痛苦减至最低，病人就谈不上好的生活质量，一切精神和心理的关怀也就失去基础。中国《安宁疗护实践指南（试行）》第一大部分便是"症状控制"，其中列举了临终病人可能的十三大症状：疼痛；呼吸困难；咳嗽、咳痰；咯血；恶心、呕吐；呕血、便血；腹胀；水肿；发热；厌食/恶病质；口干；睡眠/觉醒障碍（失眠）；谵妄。同时，对每一种症状，都分别从评估和观察、治疗原则、护理要点、注意事项四个方面提出了明确的界定和要求，具有非常清晰的可操作性。

症状控制对于终末期病人来说，首要的就是疼痛管理。对末期病人来说，疼痛往往会让他们生不如死，所剩无几的宝贵时光也会以难以想象的残酷方式消耗殆尽。20世纪80年代，对各种疼痛要进行积极充分的控制就已经成为医疗界的共识。据世界卫生组织提供的数据，癌症末期病人中，有50%会出现疼痛，30%是严重疼痛。全球有350万癌痛患者得不到有效控制。在中国，每天有100万末期癌症病人遭受疼痛折磨。面对如此严重情况，安宁疗护将控制疼痛作为提高末期病人生活质量的第一要务。控制疼痛不仅是安宁疗护和缓和医疗的核心技能，更已经成为其核心价值观。它坚定地认为，远离疼痛是每个病人，尤其是末期病人的基本权利。

美国疼痛基金会（The American Pain Foundation）推荐的一份疼痛照顾权利清单这样写道，当疼痛时，病人有从医生、护士、药剂师和其他医疗从业者那里得到关于疼痛的认真的报告和出于尊重的治疗的权利；要求对疼痛进行全面评估和彻底治疗的权利；从医生那里获知疼痛原因、治疗的可能性、益处、风险以及各项费用的权利；参与决定如何控制疼痛的权利；如果疼痛不缓解，要求再次定期评估疼痛和调整治疗的权利；如果疼痛持续，要求咨询专家的权利；疼痛问题得到清楚、及时答复的权利，以及从容做出决定或者拒绝某些特殊治疗的权利。

尽管不要疼痛是每个病人，尤其是末期病人的基本权利。但是，疼痛控制在许多时候仍然是棘手和困难的。麻醉止痛药物的人均使用率，被世界卫生组织认为是衡量一个国家疼痛控制水平的标志。中国人均使用止痛药物的剂量，虽然近年来有较大提高，但仍处在世界最低水平。绝大多数发展中国家的麻醉药品医疗消耗量明显不足，与发达国家相比存在很大差距。以吗啡为例，据统计，2004年全球消耗的33021千克吗啡中，发达国家消耗30742千克，占93.1%，人均31.31毫克，发展中国家仅消耗2279千克，占6.9%，人均0.75毫克。我国消耗量为415千克，人均0.32毫克，仅为发达国家的1%，发展中国家的42%。据另一调查统计，我国麻醉药品医疗使用存在着用药水平低、结构不合理的问题，人均消费麻醉药品仅0.13元，麻醉药品人均消耗量是发达国家的1/180，是发展中国家的1/5。

许多研究认为，造成这种状况的原因主要有，一些人固执地认为，年老或者某些疾病伴有疼痛是不可避免，甚至是"正常"的，更不要说处在某些严重疾病末期如癌症晚期时发生的恶性疼痛；医患双方对止痛药物的麻醉作用和成瘾性存在普遍的恐惧；政府和卫生行政部门对止痛麻醉药物过于严格的监管；传统文化心理认为忍受苦难和疼痛是一种美德，而明确表达或要求帮助是意志薄弱的表现。

美国疼痛基金会最近的一份详尽调查表明，21世纪以来，现代医药科技通过新药、注射和输入、植入或非植入的泵装置、光热疗法、外科手术等手段，对各种严重疼痛的缓解和控制率，比世界卫生组织当初提出"使癌症患者不再疼痛"的目标时已经又有很大提高。以止痛效果最明显且临床使用历史最长的吗啡为例，在发挥强大的镇痛作用时，吗啡并不影响病人的意识和其他感觉，还可减轻因疼痛引起的焦虑、紧张等情绪反应。临床使用时，吗啡可随时增加剂量，虽有轻度耐受，但无天花板效应（即最大有效剂量问题）。好处还包括，有多种剂型可经多种途径给药，世界上大多数国家和地区都可以得到，且价格便宜。其中口服吗啡更具优势，更经济方便，更易于调整剂量。止痛剂量的吗啡，中毒和成瘾在临床实际发生率极低。一旦发生，还有疗效非常好的解毒剂，所以使用起来相当安全。

除了对疼痛的症状控制，安宁疗护过程中，还涉及病情加重时，是否需要施行心脏复苏术，是否加装喂食管与呼吸机，是否接受其他一些维持生命的治疗手段等。这些相关的内容，患者可以通过"生前预嘱"

的方式予以交代和说明。而其他症状诸如呼吸困难、恶心、水肿、睡眠/觉醒障碍（失眠）等，在安宁疗护过程中都有相应的控制措施和要求。

根据世界卫生组织提供的数据，目前，西欧、北美洲以及澳大利亚的安宁疗护和缓和医疗发展最好。新加坡连氏基金会与英国经济学人智库2010年7月共同完成的一项研究，依据死亡质量指数的排名，世界卫生组织的统计是一致的。死亡质量指数由四项标志性指数加权后得到，包括：基本临终健康护理环境（20%）；临终护理的可获得性（25%）；临终护理费用（15%）；临终护理质量（40%）。2015年，再次发布的死亡质量指数报告，涵盖国家和地区从40个增加到80个。在这份排行榜上，英国排名第一，能够提供最令人满意的安宁疗护与缓和医疗；澳大利亚排名第二，其次是新西兰和爱尔兰。这些国家在公众意识、培训、能否获得止痛药品以及权重很高的医患关系透明度等指标上得分较高。中国台湾在亚太地区排名第一，在全球排名第6位；其次是新加坡，全球排名第12位；日本居第14位；韩国第18位；再次是中国香港，全球排名第22位；蒙古国全球排名第28位。中国大陆在这份排行榜上居第71位。由此可见，中国的安宁疗护事业还有非常大的发展空间。

（二）安宁疗护中的舒适照护

安宁疗护尽管首要的是症状控制，让病人不受或者尽可能少受症状带来的痛苦，但是，安宁疗护不是以"治愈"为目的，而是以病人的舒适生活为目标。因此，安宁疗护特别强调以舒适照护来提高病人的生命质量和生活质量。

舒适照护包括提供适宜的居住环境，满足清洁卫生、睡眠、饮食、排泄、安全移动等方面需要的日常生活照护。中国《安宁疗护实践指南》列出了舒适照护的十六个方面，并提出了相应的评估和观察、操作要点、指导要点及注意事项。

舒适照护大体上可以分为三个维度：环境的舒适、身体的舒适和状态的舒适。

环境的舒适，包括病室环境和床单位环境的舒适。

就病室环境而言，要求室内温度、湿度适宜，保持空气清新、光线适宜，病室物体表面清洁，地面不湿滑，安全标识醒目，保持病室安静，病室布局合理、温馨，工作人员则要做到说话语气温和、走路轻、操作轻、关门轻。

就床单位管理而言，要在评估患者病情、意识状态、合作程度、自理程度、皮肤情况等的基础上，保持床单位的安全、方便、整洁，操作过程中还要观察患者生命体征、病情变化、皮肤情况，注意保暖，保护患者隐私。

身体的舒适，包括病人身体各个部位、各种情况的舒适照护。

就口腔护理而言，需要随时观察患者口唇、口腔黏膜、牙龈、舌苔有无异常，口腔有无异味，牙齿有无松动，有无活动性义齿，等等，并帮助患者擦洗牙齿表面、颊部、舌面、舌下及硬腭部，遵医嘱处理口腔黏膜异常。

就肠内营养的护理而言，随时评估患者病情、意识状态、营养状况、合作程度，评估管饲通路情况、输注方式，有无误吸风险。对于长期留置鼻胃管或鼻肠管者，坚持每天用油膏涂拭鼻腔黏膜，轻轻转动鼻胃管或鼻肠管，每日进行口腔护理，定期（或按照说明书）更换喂养管，对胃造口、空肠造口者，保持造口周围皮肤干燥、清洁，定期更换。

就肠外营养的护理而言，评估输液通路情况、穿刺点及其周围皮肤状况，巡视、观察患者输注过程中的反应，并要求记录营养液使用的时间、量、滴速及输注过程中的反应。

其他还包括静脉导管的维护、留置导尿管的护理、会阴的护理。

状态的舒适是指病人作为一个真实的人，保持其日常生活行为上的舒适。由于病人不能完全自己照料自己的日常生活，安宁疗护过程中就需要照护者的积极参与与协助。

比如：协助沐浴和床上擦浴；床上洗头。在评估患者的病情、自理能力、沐浴习惯及合作程度的基础上，必要时护送进入浴室，协助穿脱衣裤；需要床上擦浴者，则需要向患者解释床上擦浴的目的及配合要点，同时保护患者隐私，给予遮蔽。

比如：协助进食和饮水。评估患者饮食类型、吞咽功能、咀嚼能力、口腔疾患、营养状况、进食情况，协助患者洗手，对视力障碍、行动不便的患者，协助将食物、餐具等置于容易取放的位置，必要时协助进餐。

比如：排尿异常的护理、排便异常的护理。

比如：病人卧位的护理、体位的转换以及轮椅与平车使用。

所有这些，都是为了让病人尽可能获得身体上、生活上的舒适，在一定程度上保证生活质量、生命质量。

（三）安宁疗护中的心理支持与人文关怀

即使是终末期的病人，也首先是一个真实的人。人，除了在身体上、生活上要求舒适外，也需要心理上的安宁和精神上的安顿。所以，安宁疗护就不只是单纯控制症状和身体、生活上的舒适照护，还尽可能满足病人心理和精神上的需要，提供相应的心理支持和人文关怀。

心理支持的目的是恰当应用沟通技巧与患者建立信任关系，引导患者面对和接受疾病状况，帮助患者应对情绪反应，鼓励患者和家属参与，尊重患者的意愿做出决策，让其保持乐观顺应的态度度过生命终期，从而舒适、安详、有尊严离世。

中国《安宁疗护实践指南》列出了安宁疗护中的心理支持与人文关怀的七个方面，包括：心理社会评估、医患沟通、帮助患者应对情绪反应、尊重患者权利、社会支持系统、死亡教育、哀伤辅导。

在心理社会评估方面，要充分评估患者的病情、意识情况，理解能力和表达能力。收集患者的一般资料，包括年龄、性别、民族、文化程度、信仰、婚姻状况、职业环境、生活习惯、嗜好等。收集患者的主观资料，包括患者的认知能力、情绪状况及行为能力，社会支持系统及其利用；对疾病的主观理解和态度以及应对能力。通过体检评估患者生理状况，患者的睡眠、饮食方面有无改变等。沟通时多采用开放式提问，鼓励患者主动叙述，交谈后简单小结，核对或再确认交谈的主要信息。保护患者的隐私权与知情权。用通俗易懂的语言解释与疾病相关的专业名词。

在医患沟通方面，评估和观察患者的意识状态和沟通能力，倾听并注视对方眼睛，身体微微前倾，适当给予语言回应，必要时可重复患者语言。适时使用共情技术，尽量理解患者情绪和感受，并用语言和行为表达对患者情感的理解和愿意帮助患者。陪伴时，对患者运用耐心、鼓励性和指导性的话语，适时使用治疗性抚触。

在帮助患者应对情绪反应方面，评估患者的心理状况和情绪反应，应用恰当的评估工具筛查和评估患者的焦虑、抑郁程度及有无自杀倾向。鼓励患者充分表达感受，正确识别患者的焦虑、抑郁、恐惧和愤怒的情绪，帮助其有效应对，恰当应用沟通技巧表达对患者的理解和关怀（如：倾听、沉默、触摸等），鼓励家属陪伴，促进家属和患者的有效沟通，指导患者使用放松技术减轻焦虑，如深呼吸、放松训练、听音乐等。如患者出现愤怒情绪，帮助查找引起愤怒的原因，给予有针对性的个体化辅导。

在尊重患者权利方面，评估患者是否由于种族、文化和信仰的差异而存在特殊的习俗，评估患者知情权和隐私权是否得到尊重。为患者提供医疗护理信息，包括治疗护理计划，允许患者及其家属参与医疗护理决策、医疗护理过程。尊重患者的价值观与信仰。诊疗过程中保护患者隐私。在诊疗护理过程中能平等地对待患者。

在社会支持系统方面，观察患者在医院的适应情况，评估患者的人际关系状况，家属的支持情况。对患者家属进行教育，让家属了解治疗过程，参与其中部分心理护理。鼓励患者亲朋好友多陪在患者身边，予以鼓励。根据患者疾病的不同阶段选择不同的社会支持方式，指导患者要积极地寻求社会支持，充分发挥社会支持的作用。

在死亡教育方面，评估患者对死亡的态度，评估患者的性别、年龄、受教育程度、疾病状况、应对能力、家庭关系等影响死亡态度的个体和社会因素。尊重患者的知情权利，引导患者面对和接受当前疾病状况。帮助患者获得有关死亡、濒死相关知识，引导患者正确认识死亡。评估患者对死亡的顾虑和担忧，给予针对性的解答和辅导。引导患者回顾人生，肯定生命的意义。鼓励患者制定现实可及的目标，并协助其完成心愿。鼓励家属陪伴和坦诚沟通，适时表达关怀和爱。允许家属陪伴，与亲人告别。

在哀伤辅导方面，观察家属的悲伤情绪反应及表现，评估患者家属心理状态及意识情况，理解能力和表达能力和支持系统。陪伴、倾听，鼓励家属充分表达悲伤情绪。采用适合的悼念仪式让家属接受现实，与逝者真正告别。鼓励家属参与社会活动，顺利度过悲伤期，开始新的生活。采用电话、信件、网络等形式提供居丧期随访支持，表达对居丧者的慰问和关怀。充分发挥志愿者或社会支持系统在居丧期随访和支持中的作用。

第七章

临终关怀
——优雅离开的往生行程

一、临终安宁疗护的使命

死亡的过程会让我们体会到生命是既顽强又脆弱的。死亡并不是一个直线发展的过程，在一个人死亡的过程中，总会发生一些或好或坏的意外事件。缓和医疗和安宁疗护的理念尽管现在不只是针对临终病人，但是实际上，对于临终病人来说，更加需要安宁疗护。

（一）观照临终病人的真实需要

没有人能未卜先知地告诉一个临死的人他还可以活两个月四天五个小时四十七分钟，没有任何人能准确预料死亡的时间。有时候，人们以为一个人还可以活上几个星期、几个月甚至几年，可是这个人却出人意料地忽然死去了。有时候一个人看似快要死了，结果却出人意料地多活了好几个月。尽管如此，大多数时候，人们还是认为，一个濒死的人有权知道他已经走到生命的终点。事实上，诚实地告诉临死的人他所处的境况，可以使他精神上做好准备，这样他往往能心态平和地离世。

但是，在现代社会中，很多人，包括有些医生和护士的观念是，他们非常害怕在与疾病的斗争中让病人被死亡夺走。在以"治愈"为目标的现代医学观念中，"死亡"往往就意味着医疗手段的失败。对很多人，包括很多医务工作者来说，医疗的目的就是避免死亡的发生。因此，有时候当一个病人进入临终期的时候，他周围许多人都不愿意面对这个事实。在这个时候，如果医疗工作者自己都不愿意面对病人即将去世的现实，那么他们就更无法与病人诚实地讨论病情和死亡了。

当然，是否告诉临终的人他就要死去，也要看具体情况和病人的心态。护理者根据自己对临终者的了解，可以推想他是否愿意知道自己即将死去的现实，怎样会让他更平静地度过临终期，然后护理者可以根据情况决定是否告诉他。预先知道死亡的来临，可以使很多人做好心理准备，用平静的心态来迎接死亡。但是对另外一些人来说，死亡是令他们心烦意乱的话题，他们宁可不去想与死亡相关的事。

如果临终的亲人不愿意跟我们讨论他自己的死亡，那么最好的办法就是尊重他的意愿，不跟他讨论这些话题。最好也不要当着他的面与别人讨论类似的话题，即使他在睡觉或处于长期昏迷的状态，也不要在他旁边讨论这些话题。医学研究已经发现过很多这样的案例——一些从长期昏迷中醒过来的病人说，在他们昏迷期间，听到医护人员或家属在他们床边讲令他们非常难过或愤怒的话，虽然他们当时无法动弹，却恨不得立刻反驳那些乱讲话的人。直到他们从昏迷中醒来，还会记得这些话，而且还为此非常生气。

临终病人的安宁疗护，需要充分了解和关照患者的真实需要及满足。一般来说，临终病人至少有以下几方面的需要希望得到关怀与满足。

首先，是躯体需要与关怀。主要表现在镇痛和躯体形象方面。一方面疼痛可能使临终病人的睡眠被严重剥夺，无法休息，同时食欲不振、营养不良，因而更形衰弱。加上呻吟、呼号，会增加疲乏。因此，对于临终病人来说，迫切需要镇痛。另一方面，在躯体形象方面，由于长期卧床，会导致男的须发长而乱、女的头发乱而长，而且面如枯槁，骨瘦如柴。因此，特别需要个人身体形象方面的关怀与照护。

其次，是感情需要与关怀。按照凯勃勒·罗斯模式，人的临终过程大致可以分为三个阶段，第一阶段为急性危机阶段，第二阶段为慢性生/死阶段，第三阶段为决定死亡阶段。这三个阶段特别需要安定情绪，进行疏导，把恐惧转为安然，呻吟转为忍痛，负性感情转为正性感情。因此，临终阶段的安宁疗护，特别需要关注病人的情绪情感反应与要求。

再次，是社会需要与关怀。走向死亡的过程，不只是个人肉体生命遭受痛苦、心理生命忍受煎熬，同时也是个人社会生命受到伤害。因此，如何在临终护理过程中，充分呈现其生命的社会性，是极为重要的。包括透露诊断的结果；注意沟通的模式及渠道的选择，比如，是封锁消息还是让其怀疑猜测，是医患假作还是开诚布公？

又再次，是心理需要与关怀。临终病人有各种的焦虑、恐惧，也有无法自我支配的无力感，因此，需要在临终安宁疗护中给予更多的心理支持，比如激发患者的自我控制与自立自强的勇气和能力，实现患者为他人做贡献的价值需求，协助满足病人回顾一生的灵性需求。

最后，还有精神需要与关怀。精神需要的满足在一定程度上是可以通过死亡实现超越性的人生价值的，包括明白生与死的意义，希望精神信仰给予关怀与一定程度的满足。比如能够在临终前会见亲人，写遗嘱，甚至抽一支烟或吃一点最爱吃的糖果等。

通常临终的人在生命的最后几星期或几天里越来越不想吃喝，甚至完全停止吃喝。可是，有些病人也会在生命最后阶段忽然恢复了强烈的食欲，有时候还会对某些特殊的食品非常渴望。对于生命即将结束的病人来说，为了生存而吃东西已经没有什么意义了，因此，我们不应该用普通健康人的标准来要求他们，没有必要在他们不想吃东西的时候非要强迫他们吃，也没有必要在他们特别想吃某些东西的时候因为健康的理由而拒绝他们。

音乐的强大力量可以激发起人对过去的回忆。如果临终者喜欢某种音乐或某个演奏家，那么在他临终的时候可以给他听这些他最喜欢的音乐。音乐是不分国界、无须文字的人类共通的表达方式。在中国文艺界，一个著名的小故事也描述了临终期病人对音乐的需求。表演艺术家赵丹在弥留之际，对妻子黄宗英说："不要开追悼会，不要哀乐，要贝多芬、柴可夫斯基、德彪西……"很多人想到临终和死亡，就自然而然地想到追悼会和哀乐，但是对于艺术家来说，这些仪式化的东西毫无美感，毫无享受可言。后来，陪伴赵丹离世的是他最喜欢的贝多芬第三交响曲

《英雄》。

　　当一个人临近死亡的时候，身边的人可能会渐渐发现一些他心理、生理或情感方面的根本变化。这些变化可能包括：不愿意与外界交流，甚至不愿意与亲友说话；睡眠习惯的改变；胃口变差或完全没有食欲；呼吸时发出咝咝的声响；有时候呼吸暂停然后继续；手、脚或身体其他部分表面皮肤颜色的变化；体温变得过高或过低。我们可以通过这些变化来预测病人临近死亡的程度和可能的护理需要。当然，每个人死亡的过程都是独特的，即使是针对同一种疾病，我们都无法准确地预测病人在死亡过程中会发生什么样的变化。

　　在面临亲人或好友离世的时候，该跟他说些什么，可以基于平时对他的了解和当时的具体情况做出最好的判断。在某些情况下，可能事先就很清楚自己要跟他说些什么，也可能事先不知道该说什么，但坐在临终的亲人身边的时候，自然而然地就说出来了。无论是哪种情况，都应该相信自己的感觉，对临终的亲人说出所有想说的话，表达所有的感情和心声，在一切还来得及的时候。这种最后的交流，对临终期的病人来说，往往是极大的安慰。当亲人在临终状态，而自己觉得有话要对他说的时候，请相信自己的感觉，把想说的话对他说出来。这样做，可能会帮他平静地走过生和死的界限。

　　即使临终的人已经年纪很大，饱受病痛的折磨，即使大家知道死亡对他来说就是最好的解脱，到他去世的时刻，大部分亲人和朋友还是会有非常大的失落感。在亲人去世的时候，我们应该顺从自己的感觉与自己的亲人告别和表达自己的悼念。不要因为环境的限制或医院工作人员的催促，就匆匆忙忙地与去世的亲人告别。亲人刚刚去世后的那段时间，是我们与亲人在一起的最后的宝贵的时间。对每个人来说，最重要的事是相信自己的感觉，充分感受与自己的亲人在一起的最后机会。

（二）帮助临终者克服恐惧心理

人除了在自己生命过程中对死亡要表现出焦虑和恐惧等死亡态度外，在自己的死亡临近到来时，也会在心理上表现出恐惧等复杂的临终心理状态。由于这些心理状态是在不能摆脱死亡的特定情境下产生的，了解临终者恐惧心理的原因及表现，有助于我们给予临终病人恰当的支持、帮助和关怀。

影响临终死亡恐惧的因素有很多，大体有以下几个方面：

第一，是对死亡境况的想象。由于每个人对死亡的想象都不相同，因此在经历与死亡有关的处境时，也会有不同程度的害怕和恐惧。

第二，是死亡恐惧的时间因素，即与死亡迫近时临终者对时间的快慢感觉有关。例如两个病得很严重且预后情况相同的病人，对于是否快要面对死亡常有不相同的看法。有些人主观地认为自己在某一特定时间中，会有痊愈的希望。有些在死亡威胁下的人，借着积极强调"现在"与"今天的生命"来增加生存可能性的希望，也就是说，他所持有的理念是，"如果今天我活着，我就永远活着"。

第三，是死亡想象的空间因素。这涉及面临死亡者主观上认为死亡究竟是"内在"的还是"外在"的。大部分癌症患者对死亡的感觉，是外在对他的威胁。

第四，是躯体痛苦的因素。临终病人躯体上所遭受的痛苦，是害怕死亡的伴随因素。虽然医学科学已有长足进步，但要做到死亡时完全清醒而又毫无痛苦，是相当困难的事情。

第五，是心理痛苦的因素。临终者心理上担心和害怕的因素很多，诸如担心没有妥善的医疗照顾，担心在工作或家庭中失去决策能力，认为被家人、医生或朋友遗弃等，都是伴随着死亡而使临终者害怕的问题。

第六，是忧虑个人消失的因素。对于生命停止及个人消失的恐惧，在本质上不同于对一般事物的恐惧。死亡往往给人一种被恐惧本身所吞噬的感觉，并身陷其中而感觉无助。这种害怕自己从世界上灭绝的恐惧，是对死亡本身的恐惧的外化，其他恐惧，则大多是对与死亡相关之事物的恐惧。

第七，是对于死亡本身的恐惧。对于死亡本身的恐惧，在一定程度上，可以因超然于个人生命延续以外的不朽感觉而得到缓和。有些人可以借助宗教信仰来感觉到自己在面对死亡时其生命仍有意义；以生物形态维持的不朽意识，可以在对祖先的崇拜中找到痕迹；以创造形态出现的不朽意识，则可以体现在个人死后，其生前所做业绩仍然存留于世上。人总是希望自己的生命以某种方式不朽，如果生命不是建筑在某些不朽的事物上，死亡就将是一种真正的灭绝，就成为令人恐惧的主要因素。

就表现形式而言，临终恐惧心理主要表现在对未知物的恐惧，对孤独的恐惧，对失去家人和朋友的恐惧，对失去自我的恐惧和对失去自我控制的恐惧，对失去同一性和对回归的恐惧等方面。

对未知物的恐惧，也就是对于陌生的、不能预知的东西所抱有的恐惧，这种恐惧也可称之为对死亡的基本的焦虑。

对孤独的恐惧，是指当病人濒临死亡时，他周围的人即开始争相向他告别了。这种对病人的离弃，不仅是一种心理现象，同时也是一种社会现象。这种"离别"的孤独，使人的垂死过程变得非人化和机械化。

对失去家人和朋友的恐惧，是因为垂死意味着逐渐分离，即逐渐失去家人和朋友。家人、朋友与病人作别，给病人的感受是，仿佛他们自己行将垂死一样。这种失去，会导致病人忧伤万分，直至死去。如果可以解脱这种分离，那就有可能在死亡实际发生前，使病人与家人都产生一种获得感而不是"分离"导致的失落感。这当然需要积极的死亡态度，也就是首先承认死亡，同时对死亡采取一种积极的态度。

对失去自身的恐惧，产生于人对自己的身体的自恋情结。因病垂死之时，自恋情结必然会受到对自我完整性的打击，于是就会产生羞愧、耻辱和不健全的感情。因为，这意味着自我形象的完整性和富于生命力的部分失去了。生理上的疾病将使他不再为家人所钟爱，也将使他饱受孤独之苦。

对失去自我控制的恐惧，是指人身患重病时，大多不能控制自己，从而产生恐惧。比如担心自己对自己失去控制时会表现出某些失态，有损自己在家庭中的尊严。因此，我们应鼓励并允许垂死之人保留他所能做出的决定或权威，让他继续管理日常事物，让他在与他有利的自我控制中发现自身的意义。

失去同一性的恐惧，是对自我整体感破灭的恐惧。同一性意味着与他人接触肯定了自己是谁，与家人接触肯定了自己拥有的地位，自己对身体的控制则肯定了自我。人在临死时立下遗嘱，将自己的所有物传给未死的后人，就是在表达这种同一性的渴望，克服对失去同一性的恐惧，并希望通过家庭和他人来保持并延续他们的生命。

对回归的恐惧，是某些人在临死时所产生的内在直觉，这使人们从实在的外部世界撤离到一个幻想的和极乐的原始世界中去。他们觉得在这个原始世界中，人们将获得一种永恒的生存，没有时间限制的生存。

消除临终恐惧心理，在相当程度上依赖于临终恐惧心理中的归属意识，也可以称作"回家意识"。产生归属心理的原因，是对死的孤寂感。死亡使人失去了生活中的一切，包括亲人、朋友、友谊、爱情、财产以及整个世界，归属心理就是人们消除这种孤寂感带来的焦虑的一种心理机制。强烈的回归感，是即将走向死亡的人所具有的一种共同心理。如背井离乡的人，一旦老之将至，最为担心的是自己会死在客乡异土。他们最大的宿愿，是叶落归根，重回故土，最后安息在故乡的土地上，回到自己早已故去的亲人身旁。

按照中国人的鬼神观念，人死以后，在鬼神的世界里，可以和早已故去的亲人好友重逢团聚。所以，许多人总是期望死后能与死去的父母、祖辈埋在一起；难成眷属的情男痴女，也总是追求死在一起。这就是中国生死文化中的"归属"意识。古希伯来人的死亡观念也富有浓郁的回归意识。在他们看来，死亡不过是要回归到他的本民（或列祖）那里去。基督教则把死亡解释成是上帝的召唤（指有希望升天堂的人而言），回到上帝身边，得到上帝的庇护，在潜意识中无疑也体现了人们的死亡归属心理。而"入土为安"，则是许多民族共同的回归心理。在许多民族的神话传说中，大地之神就是生命之神与死亡之神的统一体。死后埋入地下，就是回到慈祥母亲的怀抱。

二、临终关怀的原则与模式

临终关怀服务是为了照顾临终者，而不是干预死亡进程。虽然这些处于病症晚期的患者垂垂暮已，但他们仍然活着。罹患严重伤病，已不能治愈的住院临终病人，在安宁疗护施行期间，最需要他人的慰藉与照顾。

（一）临终安宁疗护的基本原则

结合华人传统的基因，从中国大陆到台湾省、香港特别行政区、澳门特别行政区，临终关怀的发展逐步总结出一些基本原则。

1.全面照顾原则

全面照顾原则也就是四全照顾，包括全人、全队、全家、全程的照顾。

全人照顾，是指对病人本人，施以身体、心理、灵性、社会方面的照顾。比如：身的照顾，包括协助净身、便溺，减轻病痛，援助生活琐事等；心的照顾，包括解除空虚、烦闷、寂寞、恐惧等情绪；社会的照顾，包括协助写信，协助预立遗嘱等。

全队照顾，是指由医院医生、护理人员、宗教人士（神父、牧师、法师）、社工人员、志工人员以及治疗师、药剂师、营养师等所组成的医疗服务团队，按日按时巡视安宁病房，对临终病人施以综合性的疗护与照顾。

全家照顾，是指动员病人家属所有的成员，轮流陪伴或照顾病人，使病人不致萌生被冷落的感受，或者埋怨子孙不孝。

全程照顾，是指医院医疗团队以及病人家属，对于临终病人的照顾，由生到死、有始有终，绝不轻易放弃对病人的照顾，包括死后遗体的处理，也遵照遗嘱、遗书或一般习俗、礼仪，并慎重料理后事。

2.人性关怀原则

罹患严重伤病的临终病人，在临终前的安宁疗护期间，心理方面最感需要的，莫过于人性的关怀与照顾。也就是，即使是走向死亡，他仍然被视作一个真实存在的人。

所谓人性的关怀与照顾，即以人的善良本性所引发的爱心、怜悯心、同情心、慈悲心、互助心等动机、行为，去关怀、慰藉与照顾病人。比如，医生在例行巡视病房时，向病人打招呼、问好，和颜悦色地轻拍病人肩膀，问病人打针了没有，吃药了没有，有没有什么地方不舒服，睡眠好不好。而护理人员打针时，总是轻轻地将针扎进病人的身体，还关心地问病人痛不痛，有没有不舒服。爱心的表现，便是人性的关怀。人性的关怀，可以提振病人的求生勇气，促使病人敢与病魔挑战，敢与死亡搏斗。同时，人性的照顾，也可以使病人有生命受到尊重的感受，而不致于有被冷落的感觉。

3.减轻痛苦原则

罹患严重伤病的病人住院接受疗护期间，身体上难免有不能忍受的疼痛，因此总是急盼医护人员能为其注射药物、免除或减轻其痛苦。安宁疗护的目的之一，便是免除或减轻病人的痛苦，并对病人施以缓解性、支持性的医疗照顾，临终过程的安宁疗护更应该如此。与此同时，在临终病人生命危急或已无生命迹象时，也可以依据病人生前的意愿，或其家属的同意，不施行心肺复苏术，而任其自然的、无痛苦的死亡。减轻或免除痛苦，是所有伤病病人最感迫切需要的，缓和医疗的精神与目的即在于此，临终安宁疗护也应该以此为基础。

4.尊重意愿原则

临终病人在医院安宁病房接受安宁缓和医疗期间，生命大多已濒临死亡的绝境，随时有"往生西天"的可能。对此，病人或许早有预知。因此，大多数临终病人生前常有种种意愿的表示，比如预立遗嘱、财产的遗赠、死后遗体的火化、葬仪的举行、现在的灵修、生命危急时不施行心肺复苏术等。对此，除了执行安乐死不能允许外，其他合情合理的意愿，应受到充分尊重。尊重病人的意愿，就等于尊重其人格、尊重其生命。

5.纾解哀愁原则

人之将死，其心难免有哀愁、难舍之感，因此，医院的医疗团体或病人的家属，对于临终病人应尽其所能，妥善加以照顾，设法纾解其哀愁，尽可能让其无忧无虑、安详自在地咽下最后一口气。为了纾解病人的哀愁，最好的方法便是陪伴床侧，或者与其聊天，或者倾听其陈述过去种种往事，或者协助其翻身按摩等。总之，要尽量不使病人独自躺卧病房，无人陪伴、照顾。

（二）临终关怀中的全人照顾

对临终病人的关怀有四个基本的方面：身体层面、心理层面、社会层面和精神层面，也就是四全照顾的全人照顾。为了使临终病人在临终前能感受人情的温暖，目前许多设有安宁病房的医院，大多响应四全照顾的安宁疗护模式，以期提升医疗的质量，尊重临终病人的生命尊严，不致因即将死亡而遭受医护人员及病人亲友的冷落。

全人照顾是对于临终病人的整个病体生命，即病人身体的、心理的、灵性的、社会的全面的照顾，其目的在消除病人的疼痛、空虚、哀愁、恐惧，提升生活质量与生命尊严，使临终病人在临终前，能感受人间的温暖，勇于面对死亡。

1.身体的照顾

很多临终的人最迫切的需要就是减轻身体的疼痛。疼痛可分为急性疼痛和慢性疼痛。急性疼痛并非总是坏事，有时候还可能对身体有益。

但慢性疼痛通常都是有害的。在恶性疾病中，慢性疼痛通常与致命的疾病直接关联。因此，合理护理临终的任务，就包括帮助病人缓解这类疼痛。尽管我们不可能彻底地解除疼痛，但是哪怕是降低一点疼痛程度也是很好的。事实上，在绝大多数病症中，慢性疼痛都是可以缓解的。在人临终的时候还要承受巨大的疼痛，那简直是灾难。

身患恶疾的人除了有疼痛的症状之外，还有其他同样让人难以忍受的症状。这些症状包括便秘、腹泻、恶心、呕吐、体力不支、食欲不振、气短，还有脱发、黑眼圈、肤色改变，这些对平日非常注重个人形象的人来说是很大的痛苦。人由于久坐或者久卧也会引起皮肤溃疡、肌肉酸痛，这些都是加剧不适、增加感染的潜在威胁。减少这些因素，也是有效的护理方法。

总之，临终病人身体的照顾，在免除或减轻其病体的疼痛，治疗或控制病体的伤病，照护病体的起居、作息、饮食、运动使其有舒适感、安全感上。

2.心理的照顾

护理人员在处理病人心理方面的问题时，比满足他们身体需求遇到的困难更大。与身体正在经历巨大疼痛的人在一起是相当难受的，面对这种负面的情绪，护理人员也很不容易。没有放之四海而皆准的说话方式和做事方式，但最有效的方法就是陪伴和倾听，保证自己的话语是发自内心的、正面的、有帮助的、体贴的。

很多临终的人们说，他们总能听到有人对他们说"我知道你的感受"。其实，这句话对他们一点帮助都没有。听到这样的话，总让病人感觉你是在敷衍。最有效的帮助就是用心倾听他们，认真对待他们的感受，而不是敷衍。如果护理人员能够关闭自己的内心，不再寻找所谓"正确的"回答，而只是充满同情的倾听，就足够了。因为这种无声的表达其实就是在向病床上的那个人大声而清晰地说："你对我很重要，你和你所有的感受都是那么的真实，它们同样对我很重要！"

还有一种很有效的帮助就是触摸病人。有些人会对这种身体接触感到不适应。这种人在自己周围维持一个相当大的个人空间，他们不欢迎其他人闯入这个私人空间。但是，疾病可能会打破隔阂。比如说，按摩就对身心有益。朋友或者亲人触摸病人的手腕或者胳膊、握手或者拥抱，对病人都是非常好的。但并不是每个人都喜欢这样，人和人的观念不同。但是对很多病人来说，温柔的触摸对心灵是绝对有好处的。

总之，临终病人的心理照顾，在消除病人面临死亡的恐惧、哀愁、空虚、迷惘、不舍、怨恨等复杂情绪方面有积极作用。

3.灵性的照顾

临终的人经常会遇到很多精神层面的问题。很多问题是关于寻找某种意义，或者努力维持身心合一，维持与他人的关系并找到希望的。病人精神层面的需求，实际上也贯穿着病人的身体、心理以及社会层面的需求。

病人们可以通过很多方式找到生命的意义，达成身心合一。有些东西会有帮助，例如诗集、影集、雕塑或偶像。有些地方也会对病人有益，例如，森林小屋或自己的家。还有一些特殊的时刻，例如生日、纪念日、节日，也有利于病人找寻意义。还有一些人，例如亲人，尤其是自己的孩子们，是病人生命意义的重要寄托。我们可以通过询问和聆听，得知什么对病人最有帮助，然后可以安排病人去想去的地方，见想见的人。通过这种方式，可以帮助病人在思想上得到支持。精神的追求是无止境的，哪怕是生命的最后时刻也是如此。寻找生命的意义，身心合一，充满希望，可以丰富整个人生。

临终关怀中的照顾者，就是要帮助和支持病人为生命画上圆满的句号。其中一个非常重要的途径，就是开发病人的创造力。比如说，举办一个活动，参加者可以在音乐、文学、戏剧、视觉艺术、金属工艺等各个领域尽情发挥自己的创造力。护理人员也可以与病人一起完成。这对他们的身心都非常有好处。

总之，临终病人的灵性照顾，在提升病人的精神层次，使病人的心理可以超越生死的束缚，从而达到生命意义的升华。病人的灵性一旦获得提升，便不再恐惧生死，视生死如归宿。

4. 社会的照顾

病人在社会关系方面的需求往往与身体和心理的需求一样迫切。病人的社会关系，主要体现在病人与自己珍视的人之间的特殊关系。人们总是愿意与自己亲近的人分享快乐与悲伤。在这种关系中，人们会感到很安全。在这种关系的庇护下，人们才能好好规划生活，战胜困难，才认为所做的一切有意义，在分享中表达他们的爱意。事实上，当生活遇到挫折的时候，仅仅与他们所爱的人待在一起，就能解决很大的问题。

正在与死亡抗争的人们，可以在挚爱的人们那里得到最好的帮助和鼓励。当病人的体力与精力逐渐下降，他们不可能维护与曾经珍视的所有人的交往，他们的人际圈子会发生变化，病人可能很想知道该如何与其中最珍视的几个人继续维系交往和沟通。病人很关心这些人，同时也渴望他们的关心。因此，临终关怀过程中，仔细观察病人最在乎哪些人，与他们关系是否紧密，如何帮助病人维系与这些人的关系，就非常重要。

社会关系的处理还包括自己在家庭中、工作中，以及更广泛的社会中的位置和角色。比如说，在经济方面的担心会加重。作为家庭收入的支柱，往往会非常担心高昂的医疗费用给家庭造成沉重的负担，也非常担心自己去世之后，家人该如何生活。当然还有其他的担心，例如，我工作中的那个项目能否完成？我死后，我的生意怎么办？我太太成为单亲母亲，能否应付得来？谁来照顾我的老人们？等等。人们总会在临终之前想很多这样的问题。

如何更好地安慰他们呢？在临终关怀中，要学会倾听他们的顾虑，然后帮他们把这些顾虑告诉其他人。也就是说，当我们充分了解了病人的困境之后，我们可以尝试帮助他们找到一些社会资源，来帮助他们解决具体的问题。支持，有时候意味着代替他人完成心愿，有时也意味着鼓励他们自己行动起来。当然，我们需要注意，全权代表对方来承担一切困难，可能会让对方缺乏能动性。有时候，仅仅是提供一些可行性的建议，就足以帮助到对方了。承担一定的社会角色，才能让人感觉到自己是有自主权的。社会工作者、家庭医生、心理咨询师和律师，都可以在这方面帮到我们。

（三）临终关怀中的全队、全家与全程照顾

在临终关怀的模式中，"四全"照顾除了"全人照顾"，还包括"全队照顾""全家照顾""全程照顾"。

1.全队的照顾

一般医疗机构的所谓医院（hospital），大多是以病人为主体，以治疗病人的伤病为核心。当病人的伤病治愈，或者已经好转，或者已经能够控制，便允许病人出院，返家疗养。如果病人的伤病难以痊愈，或者呈现恶化，或者濒临死亡，则只能任其病危死亡，医院医生无法分身照顾，最多只能施行急救措施，一旦失效，便放弃急救。病人死后，便将已死的病体，迅速搬移到医院附设的太平间。这样的医疗过程及处理流程，总让人觉得缺乏人间温暖。

依据安宁疗护和临终关怀的理念，医院设立安宁病房，成立医疗照顾团队，按时巡视安宁病人，给予临终病人身体、心理、灵性、社会等各方面的安宁疗护与照顾，使临终病人能感受人情的温暖，并获得妥善的照顾。

医院的医疗团队，由医生、护理人员、物理治疗师、职能治疗师、临床心理师，甚至神职人员（神父、牧师、修女、法师等）、社工人员、志工人员以及有关的营养师、药剂师等所组成。在这样的团队中，有关临终病人身体伤病的医疗与照护，由于医生、护理人员、物理治疗师、职能治疗师、营养师、药剂师等都学有专长，所以由他们分担任务。有关临终病人的心理治疗与照护，因为临床心理师具备相关临床经验，而且受过专业训练，所以由他们担当临床心理治疗工作。临终病人的灵性开导，则往往根据其信仰的不同，分别由神父、修女、牧师、法师等承担。至于其他社会性的琐事，则由社工人员、志工人员等协助处理。另

外，病人家属的悲伤辅导，也由心理治疗师、社工人员等提供咨询服务。

由此可见，临终关怀过程的安宁疗护，是一个针对病人身、心、灵、社全人照护而建立起的一个跨专业、跨职业、跨领域的综合性团队来实现的，是真正的"全队照顾"。

2.全家的照顾

在现实的实践过程中，安宁疗护的关怀照顾，不只是在医院内成立一组医疗团队，由其对临终病人做全天候24小时的医疗照护服务。仅仅如此是不够的，临终关怀还需要动员病人家属的大大小小，让全家人一齐参与对病人的照顾。

临终病人与其家属成员，平日同居一室，日日相处，感情深厚，一旦罹患严重伤病，被急送至医院安宁病房，难免有被冷落或寂寞孤独的凄凉。如果家属能够轮流住院陪伴，或者全家人在病房内照顾，则可以化解病人孤独、寂寞、悲伤的情绪情感。特别是临终病人，因为自己已经知道来日不多，因此也殷切期望能与家人共度最后的时光，享受最后的家庭温暖，以此可以毫无抱憾地了此一生。所以，在临终关怀过程中，特别期望病人家属能够排除一切阻力，全家大小参与临终病人的照顾。

3.全程的照顾

一个人的生命，从出生，成长，成熟，老化，年迈到死亡，总是随着时光的流转，不断在改变。当一个人罹患了严重的伤病，被送至医院内的安宁病房，也就意味着踏上了死亡之路的起点。从临终关怀角度说，为了使临终病人在还没有消失生命迹象之前能够接受到妥善的照顾，设置安宁疗护病房的医院，除了动员医院团队，全天候二十四小时因应病人及病人家属的紧急呼叫，对病人施行安宁缓和医疗，免除或减轻其痛苦外，在可能的条件下，还应该为病人提供祈祷、祈福的方便，以满足临终病人灵性方面的慰藉需求，使临终病人的情绪可以获得稳定与安适。

临终病人的安宁疗护与关怀照顾，是全程性的。这个"全程"，从病人被送进医院内的安宁病房开始，或者说，从病人的生命已步向死亡之路的起点开始，医疗团队的安宁疗护与关怀照顾工作即积极地展开，自始至终，从不懈怠，一直到临终病人病危、昏迷、弥留、死亡后，医疗团队才卸下安宁疗护与临终照顾的重担。

三、走向死亡的四道人生

经过临终关怀的安宁疗护过程，病人最终将走向自己的人生终点。死亡是我们每一个人的终点，它实际上是我们生命不可分割的部分，是生命自我证明的依据。在走向死亡的过程中，我们在"四全照顾"下，也需要对我们的人生做一个升华，让死亡成为我们生命价值实现的一个部分。这个升华，就是要充分表达出我们对人生、对他人、对世界的爱，这就是实现道爱、道谢、道歉、道别的"四道人生"。

（一）道爱：死亡是我们生命的一部分①

聂耳宁在她名著的《美好人生的挚爱与告别》中以充满审美的笔调记述了她陪伴丈夫斯科特走完人生最后一段历程的过程。聂耳宁在陪伴斯科特的过程中，经常一起讨论死亡与生命的话题。他们相信某种形式的生命的延续和意识的延续，并渴望能得到更多的机会来体验这种延续。他们认为，死亡并不是终结，而是一种过渡，是生命的两个不同区域的进出口。斯科特在回答他的一位相信不可知论的老朋友所提出的有关死亡的问题时说：

大多数人认为，死亡是人生命的结果，而我们则认为：死亡乃是一种变化，就像白天变成黑夜一样，黑夜的结束，意味着新的一

---

① ［美］聂耳宁.美好人生的挚爱与告别［M］.北京：新世界出版社，2010：278-317.

天的开始。但这两个白天永远不相同，也不重复，它们都是时间进程中的一个阶段。

当生命的力量消失时，人的身体就变成了灰尘，被其他的形式所代替。我们称之为死亡乃是一种变化，我们的躯体结束了，但同一生命力量所体现的其他更高的形式却并没有结束。

我相信，我们的生命一直在继续，一直以某种形式存在着。

在聂耳宁和斯科特看来，人面对死亡的方法与途径究竟有多少？只要有多少人死亡，就有多少种死亡的方法。事实上，在现实生活中，我们在没死以前是无法知道死亡究竟是什么样的。但我们可以设想——死亡也许就像一个人类之门一样，或者，会使人感到升华与超脱。我们的手中掌握了自己行动的钥匙，但愿我们死时能睁开双眼，清醒地意识到变化的来临。假如我们有足够的思想准备的话，我们就会头脑清楚地平静地走过花园的小路，打开大门，注意着自己的步伐，缓缓地离去。我们经过了出生时的考验——这是一个更为危险，更容易坠落的过程——我们毕竟还是活了下来。现在就要看看自己将面临的未来又是什么样的。在黄昏，吃完晚饭后，他们经常在一起认真读书。聂耳宁从奥修的演讲中找到两段话读给斯科特听：

> 生命中最神秘的不是生命本身，而是死亡。死亡是生命之花盛开的顶峰时期。人的整个生命在死亡中得到归宿与总结。生命乃是通向死亡的旅途。人从一生出来时，就伴随着通向死亡的大道……全世界每时每刻都有千百万人去世。
>
> 生命只有通过死亡才得到更新。

聂耳宁将《埃及人谈死亡》《伟大的母亲》《我们的永恒》等书中的片断读给斯科特听：

今天，我将面临死亡，就像一个大病痊愈的人走进花园一样。

今天，我将面临死亡，就像一个长期被监禁的人见到自己的房屋一样。

今天，我将面临死亡，就像一个医生为病人拆除石膏一样。

不管我们走哪一条路，我们都可以发现自然中只存在着复兴和生存的原则，而不存在着"杀生的原则"。在其内容而言，大自然就是生命的种种形式的体现——一种无限的生命，虽然使某种现象消失，但决不会使哪怕是最弱小、最不重要的生物全部灭亡。死亡乃是重新开始生活的象征，是生命向更高形式的转移。

大海从这里开始，伴随着人的好奇心的冒险活动也从这里开始。我们可以将死亡视为生命的一种形式，假如我们还不曾理解这一点的话，我们可以用看待诞生的同样的眼光来看待死亡，这样，在走向坟墓的时候，我们就会像迎接生命诞生时那样充满了喜悦与期待的心情。

在走向死亡的过程中，他们从容地度过人生的每一天。

斯科特则留下自己的遗书，他在遗书上写下这些请求：

第一，当我病危时，我希望能顺其自然地死亡。

（1）我希望能待在家里——而不住在医院里。

（2）我不希望有医生在场，他们既不懂得生命，又不懂得死亡。

（3）如有可能，我希望自己死在屋外的旷野上。

（4）在临死前，我希望禁食，尽可能地不吃任何食物，也不喝任何饮料。

第二，我希望能清醒地体验死亡的过程，因此，不要用任何止痛剂或麻醉剂。

第三，我希望能尽快地、悄悄地死去，所以：

（1）不用注射剂和强心剂，不需输血、食物和氧气。

（2）在场的人不用悲伤和遗憾，他们需要保持镇静，表示理解和喜悦，平静地共同体验死亡的过程。

（3）神秘现象的具体化亦是一个广泛的经验领域。我在活着的时候能充分地发挥自己的力量，当我去世的时候，亦能满怀希望。死亡既是一种过渡又是一种觉醒。它体现了生命过程的不同方面。

第四，关于葬礼和其他细节：

（1）除非有法律规定，否则，我不希望由殡仪馆内专门承办丧葬的人来处理我的尸体。

（2）在我去世后，我希望朋友们将遗体放进云杉木或松树木制成的棺材中：身穿工作服，躺在睡袋中。棺材里面和外面均不需要任何装饰。

（3）我的遗体应送往位于 Auburn 的缅因火葬场，我已支付了会员费，他们会单独火化我的遗体。

（4）不举行追悼仪式。在我死后和处理我的骨灰之前，不需要任何牧师或职业的宗教人士来为我祷告。

（5）我的尸体火化后，请我的夫人，海伦·聂尔宁将我的骨灰散在面对精神海湾的那片树林底下。那片树林乃是我和海伦的共同财产。假如，海伦先于我去世的话，我的骨灰将由其他亲朋好友代劳。

（6）我是在理智完全正常，头脑完全清醒的情况下陈述了以上各项请求，希望我的亲人和朋友能尊重我的意愿。

在生命的最后几个月中，斯科特喜欢静静地躺在沙发上，喃喃地自言自语，又像是在说给别人听，有时熟睡时也在讲话，似乎与他人谈话一样。聂耳宁就用笔将他所说的记录了下来，比如：

我睡得很香，几乎可以离去了，只要我愿意，我就可以自由地来去，这一切多半是取决于我自己。我当然愿意尽可能地留下不走。

我该去生火炉了。外面有没有下雪？我是否要多拿几本书进来？

我能与你在一起该有多么幸福，您是一位可爱的伴侣，十分可爱，我毕竟度过了一个美好的人生，也许，会更美好：……只要能与你生活在一起。爱情，婚姻那栋房子盖好了，你们做得很出色。这栋房子不需要维修。它本身的建筑、结构都很好，就给它取名为"美好人生中心"吧！它将比我想像的更美好。

在生命的最后时刻，整整一个多星期，斯科特只靠水在维持自己的生命，而且他的躯体已经干枯、萎缩，他随时都可以安息长眠了。1983年8月24日早晨，聂耳宁坐在斯科特的身旁，轻轻吟诵着美国土著居民的赞美诗："伟大的精神将永远伴随着你的存在，使你的身躯像高山那样强壮，使你的内心像夏天一般火热，使你的步伐像参天大树那样坚定，使你的性情像风那样温柔。"她轻声地对斯科特说："亲爱的，您不用再留恋了，让自己的身体随着波浪向前漂去吧！您已经尽力度过了一个美好的人生，开始你的新生活，获得新的阳光，我的爱将永远跟随着您。这里的一切都将安然无恙。"斯科特的呼吸越来越微弱，越来越微弱，他渐渐地摆脱了自己的身躯，获得了自由，就像树上一片枯叶，随风飘走了。"一切……都好。"斯科特轻微地松了一口气，似乎在证明了万物的正常运转后才放心地离去。就这样，一个有形的人最终进入了一个无形的世界中。

关于斯科特的死，聂耳宁做了这样的记述：

斯科特度过了美好的一生，也经历了美好的死亡。他生命中的每一时刻都显得那么充实，他可以毫无遗憾地悄然去世了。斯科特是按自己的愿望去世的——他死的时候，是在家里，没有医生在场，也没用任何医疗器械和药物，只有海伦陪伴在他身边。海伦高兴地看到，斯科特如愿以偿地走了。正如列奥纳多·达·芬奇所说："度过有意义的一天可以使你睡个安稳觉，度过有意义的一生可以使你永远幸福地长眠地下。"斯科特死的时候是那么宁静，既无抽搐，也无痛苦，他只是轻轻地呼吸着，直到身体中的最后一口气。他的去世简单、容易，又具美感，斯科特是在微弱的呼吸中脱离了生命。

（二）道谢：死亡是给家人的生命教育

随着时代变迁，人类死亡环境的样貌已经发生了极大的变化。在传统社会，绝大多数人是在家里去世，在医院去世者只占少部分。在这种情况下，家人在家里咽下最后一口气，完全不是什么特别的事，或许还应该说是理所当然的。但是，随着医疗条件的变化和生活方式的改变，以及人们生死观的改变，现在的情况是，绝大部分人尤其是城市里生活的人，都是在医院里去世的。

当"在医院去世"变成了理所当然的事情时，对一般人而言，死亡就已经不再具有"切身"性。医院在人们和死亡之间建起了一堵墙。对孩子们来说，目睹祖父、祖母或是双亲去世的机会大幅度减少。人类原本在九岁左右的年纪就能理解"死亡＝生命终结"。可是，在现代社会，因为很少有孩子与死亡有近距离接触的机会，因此，死亡的观念无法在孩子身上生根发芽。以至于孩子们只能从游戏中获得不正确的死亡观念，比如"人死了之后还能复活"。如果孩子有机会亲身经历自己最喜欢的爷爷、奶奶的临终过程，或许对于死亡就不至于如此无知。

但是，在现实中，完全没有目睹过死亡的孩子的人数事实上是愈来愈多，这样的孩子在成人之后，也就意味着他们根本没有机会学习到死亡。正因为如此，死亡不知不觉被视为禁忌，被认为是"恐怖的""伴随着不安"的事情。如此一来，当死亡靠近自己时，人们也会视而不见，不会认真思考临终的事。因此，也就很难甚至不可能拥抱自然的死亡。

如果能够透过医疗过程，将生命和死亡原本的样貌告诉孩子们，将死亡的环境改变为真实的"生命教育"场景，对于患者本人和家属，尤其是孩子来说，都是非常好的教育。

人们对于不了解内情的事物，总会怀抱恐惧与不安。然而，如果可以透过自己的眼睛确认事实，就不会有多余的恐惧。死亡也是一样。如果经历过身边重要的人的临终，想法一定会改变。从成人，尤其是高龄者的立场来看，亲身向家人展现死亡的面貌，可以称得上是"人生的最后一件大事"。在通向死亡的道路上，充分向家人展现你的生命和死亡样貌以及你的生死观，这将会是一个人给子孙最好的"生死教育"。活出自己的人生，并为自己画下无憾的完美句点，这将是我们留给家人无可取代的财富。

人类的感觉非常敏锐，即使是在生命末期，一旦真的到了最后阶段，人们都能相当正确地知道"自己何时死亡"。在这样的时候，如果要使出最后的力气做一件事，人们会做些什么呢？也许一个人能想得到的选项应该很多。不过，从生死教育角度来说，如果其中能够加上"向所爱的人表达感谢"，那将具有巨大的生命教育意义。

日本著名临终关怀专家石贺丈士说：

在我的患者中，很多人都在向家人道过感谢之后离世。

在他们身上，可以看见患者本人微笑去世，家人也含笑送终的光景。

有些长年一贯展现大男人主义的高龄男性可能会说，"我都这把年纪了，还要我说这个……"然而，愈是顽固的人，我才愈希望你向妻子或是其他重要的人道声感谢，"谢谢你照顾我"，像这样一句话就好。

"那句话救了我。"

"我感觉婚后的人生并非一文不值。"

患者妻子们这样的心声，我听过好几次。

这样的心情，或许在孩子身上也是一样的。

妻子和孩子在你的照顾上愈是辛苦，向他们传达你感谢的心意就愈重要。如果你不说声感谢，一路辛苦过来的妻子、孩子在今后的人生中，或许将一直对你抱持着恶劣的印象。这不但对逝者而言是抱憾而终，对生者的人生或许也会造成负面影响。可能往后每次无论在哪里提及你的话题，或甚至是听到别人谈论自己的父亲时，他们都不会有好心情。临终前感谢的只言片语，有着扭转恶劣印象的力量。

曾经有一位患者不只是对家人，对于身边所有支持自己的人都留下了为数众多的感谢函。也有人结婚六十年，从未向妻子说过一句谢谢，去世之后却在他的枕头下发现一封信，洋洋洒洒写下对妻子的感谢。由此而言，去世者和照顾者都满意的临终，是多么珍贵。

（三）道歉：病态生命的自我超克

人的一生既漫长又短暂。当我们面临死亡时，我们往往才发现，在我们过往的人生中，或许虚度了多少时光，或许还有该尽的责任没有尽到，或许还有对他人的伤害来不及道歉，或许还有其他很多我们以为本来可以做得更好的地方需要修正。如今，死亡即将来临，我们不再可能去重复人生。但是，这并不意味着面对自己生命的这些病态，我们就无所作为。实际上，通过道歉，向自己道歉，向亲人道歉，向自己伤害过的人道歉，向自己未尽到义务和责任的人道歉，甚至向天地、向人生本身道歉，便可以完成我们与生命的和解。如此，我们的生命在这一刹那，可以得到一种升华，体验到一种无愧的轻松，而不至于将愧疚带到自己也无法把握的另一个世界。

孔子说：未知生，焉知死。因为站在人生的立场，死亡作为标示人生结束的"事件"，永远在人生范围之外，它是我们所无法经验到的一种绝对"不可知"。不管我们是用呼吸停止，还是心跳停止抑或是脑波停止来标识死亡，有一点都是一样的，那就是，在我们死前一刹那，我们都仍是在生的状态，都仍有生的事情能做而且可做，而不算死亡。而等到真正死的那一刹那发生时，其实就全与我无关了。

通常，我们所怕的事，总是我们经验过而且感受不好比如痛苦、烦恼等的事，我们不想它再发生，所以才会怕它（再发生），甚至逃避它。

比如，摔跤过就怕摔跤（因为经历过疼痛），失恋过就怕失恋（因为经历过伤心）。但是，我们从来没有死过，也根本不知道死的滋味是好是坏，那么我们为什么怕死呢？或者说，我们为什么不是喜欢死呢？

人们所"怕"的，并不是肉体死亡这一生理事件，而一定是另有来源。我们只是将这真正在怕的事物，投射到肉体死亡之上，于是误以为我们在怕死罢了！依照孔子的义理，我们真正怕的，其实是在我们以往人生中一切失败或失落的经验，包括丧失了钱财、权力、地位、名声，或者失聪、失明、失身、失恋，失去了所爱的亲人、失去了理想的热情，以至于所愿不遂、所谋失败、所托非人，终于失去自信、失去勇气、失去了生机……而"死亡"的意思本来就是"失去生命"；而失去生命就表示一切都失去了。所以，这个标识着"失去一切"的"失去生命"的"死亡"，就自然而然成为最为适合的一切失落经验的总象征。

原来我们所怕的死，其实并不是在人生之外的肉身死亡，而是就在人生之中曾经经历的种种挫败与创伤。所以，要解决这愈积愈深的心理恐慌或情结，并不该将重点和注意力误放在死亡上，而应该将重点和注意力放在正视自己过往历史中的生命创伤，并谋求有效的治愈之道。也就是说，人们之所以"怕死"，本质上并非死亡问题，更不是死后往何处去的问题，而仍然是人生问题。所以孔子才一语道破："未知生，焉知死。"人之所以怕死，是因为人生的责任未了，生命的意义未成，此生虚耗白活，所以不甘心就此死去，而忍不住要留恋残生的。反之，如果人今日事今日毕，有一过改一过，生命的成长没有卡住，人生的价值感饱满充实，那是既不会怕死，也便能够安然迎接无常的降临。

人生中的每一个挫败与创伤，其实都是上天给我们出的一道习题，要我们借着失败的刺激与提醒，去反省改过，让我们因此更加了解生命、更加拓展智慧、更加贞定自我。一直到我们根本扭转了这一次失败的意义，让它从"打击者"蜕变为促进生命成长的"营养品"，让它从被我们畏惧的对象蜕变为感激的对象为止！

死亡，作为"失败的总象征"，恰恰也是让我们了解生命、拓展智慧、升华自我的习题。如果我们能够在死亡面前，充分反省到自己生命当中的病态，诸如巧言令色、情绪过当、虚张声势、贪恋财势、志气昏惰、灰心气馁、怨天尤人等，并直面它们、接受它们，并勇敢地承认自己的不足、错误甚至失败，那么，死亡就成了我们感激的对象，而不是恐惧的对象。因为，它让我们借此完成了生命的真正升华。

当我们知道怕死问题的本质其实不是肉身死亡而是别有所在之后，我们便可以导出这样一个结论——人生的诸般烦恼病痛，不管是虚张声势还是贪恋财势，不管是无所用心还是灰心气馁，抑或是怨天尤人，其实都无非是从怕死一念辗转繁衍而来的一些生命病态。因此，如果要解除这些烦恼病痛，归根到底，也得要真实面对怕死这一念，以求得根本的解除或转化才行。这在佛家就称为"了生死"，基督教则说"要丢掉（假）生命，才能得到（真）生命"。至于孔子呢，当然就是"未知生，焉知死"，也就是鼓励人积极面对人生课题，逐一清除人生债务（也就是所谓"知生"），于是怕死问题就自然解消了。

（四）道别：她为自己设计葬礼

我们崇尚生命，敬畏生命，但是生命有限，因此我们追求善始善终。最好的"善终"，是做好最后的告别。人对于生是有渴望的，在生命的最后阶段，他有未完成的心愿，有最想见的人，最想做的事，所以，他一定也想跟这个世界做好最后的告别。

告别是个过程，最好的告别是主动告别。告别的主体是病人和我们，病人与我们告别，我们与病人告别。我们听病人的倾诉，病人听我们对他的不舍，这个过程可以是一天，一星期，也可以是一个月，能有充足的时间告别，可以减少我们的遗憾。

国外有个92岁的老爷爷Howard和妻子Laura结婚已经73年，这么多年以来，他们同甘共苦，风雨同舟，相濡以沫。注定在一起的人永远吵不散，注定无法在一起的人一吵就散；他们总是前脚吵架，但后脚又和好了。而这一天，妻子到了弥留之际，她躺在病床上，他守候在她身边。93岁的老奶奶眼睛已经没办法看清事物，但她依然颤颤巍巍对老头子说："我爱你，一直都是，无数次。"如果这世界只剩下最后一分钟，我会爱你到最后一秒！92岁的老爷爷，听力已经几乎为零，口齿不清了。但是他坚持站在那里，满含深情地唱着那首他唱了一辈子的——You'll Never Know。在70年前，老爷爷参加"二战"时，这首歌给了老奶奶坚持的信念。他们结婚50周年的时候，也合唱过这首歌，这首歌对他们来说就是相爱的纽带。"你不会知道我有多想念你，你不会知道我有多在意"，老奶奶躺在病床上，她已经相当虚弱，眼睛也失明，但当她听到丈夫歌唱，她像少女一样雀跃，心如鹿撞。她问孩子们，他是不是很甜蜜啊？我们都深爱着对方。老爷爷在唱歌的时候，还不时爱抚着妻子的头发，并亲吻她。如果这世界只剩下最后一分钟，我会爱你到最后一秒！他们的孙女将这段视频放到社交网站后大家都泪崩了。

死亡不仅不是个体生命的消逝，而且是个体生命价值的升华。不管是对临终者来说还是对临终照护者来说，在亲人去世的这个告别过程中，核心的内容都是道谢、道爱、道歉、道别的"四道人生"的实现过程。

人生如一趟旅行，总有到站和下车的时候。如果我们在下车的时候，可以自觉地向与我们同行的人道别，为我们新的旅行做好准备，我们将无憾此生。《死亡如此多情》一书中记载了这样一个案例，一位罹患癌症的朋友，为自己设计了告别的葬礼。[①]

……蓉又一次病了，仍是腹痛，如同她那些年来反复发作的那样。任何药物都无济于事，只好再一次手术。看她单薄的身体被推进手术室，我们只好祈祷一切平安。

手术的诊断结果是：晚期癌症，广泛转移。

① 中国医学论坛报社.死亡如此多情［M］.北京：中信出版社，2013：276-280.口述者，陈勤奋，47岁，复旦大学附属华山医院血液科。

她还那么年轻，我们根本不甘心就这样放弃。作为医生，我们共同参与了蓉治疗方案的制订。蓉的人缘极好，数不清的亲朋好友和同事来看她、陪伴她。蓉慢慢恢复，又重新露出了笑脸。

……

疾病并没有泯灭蓉浪漫、乐观的天性，在生命的最后时刻，蓉提出为自己设计葬礼。她从自己的影集中选中了一张着装鲜艳、面带阳光般微笑的照片，请父亲去照相店放大，镶上相框。她跟我商量着，为自己选好了一套美丽的衣服。看着她脸上一如既往的开心笑容，恍惚间，我仿佛以为是在帮蓉挑选出嫁时穿的婚纱。

她请人写好了悼词，还拜托我代她写一份告别辞。我拿着写好的告别辞给她看，蓉说很喜欢，开心地笑起来，仿佛我们是在开着愚人节的玩笑。那份告别辞后来被打印出来，当朋友们看望她时，她就发给每个人。她说，这样可以避免大家说很多伤感的话。

蓉的告别辞是这样写的：

请让我快乐地前行

如果没有对父母养育之恩和亲朋好友关怀无以回报的遗憾，我将快乐地前行。

但是，假如还有来生，不，我相信还有来生，那么，我将在来生涌泉相报，而此生，我将无憾地前行。

短短的35年人生，虽然有病痛的折磨，虽然有挫折的痛苦，但我觉得，我的人生是亮丽的、幸福的，所有爱我的人和我爱的人所给予我的一切欢乐，我将铭记在心，并且在来生继续拥有。

我留恋今生，但今生我已无可奈何，所以我更期待来生。

请在我前行的路上，为我无憾地祝福。

请为我选一张欢笑的照片。在人们的印象里，我一直是快乐的、欢笑的。那么，请让我把这份欢笑留在人间吧。

今生，我想做的很多事情都来不及做了，因为我原来以为，我还会有另一个长长的35年。不过，这也没有关系，我还会有来生。

一切将从头开始，我会好好地珍惜。

值得欣慰的是，我还有健全的大脑和心智，我的意志也一直没有被摧毁。即使在这最后的时刻，我的眼泪常常会情不自禁地流出，那也不是因为悲伤，不是因为对离开人间的恐惧，而是因为很多无法用语言表述的情感。人间真的很美好。我幸运地得到了如此多的关爱和呵护。我的亲人、我的朋友，我舍不得离开你们！今后，如果你们还能时常地想到我，就请你们想想我们所处的那些快乐时光吧。我会时时地，想念你们。

蓉平静地走了，在她把自己的后事全部安排好之后。

第八章

照护陪伴
——温暖尊严的最后时光

一、罹患疾病初期的照护陪伴

一个人在一生即将结束之际，大部分的情况下，身边的人都会参与最后一程。例如，一位父亲会有妻子、孩子随侍在侧；即使是独居者，多半也应该会有亲戚或邻居陪在身边。因此，除了"自己本身"需要思考和了解如何迎接自然临终，确立自己面对疾病和死亡应有的心态外，陪伴者也应该有"必须提前为死亡做准备"的心境。只有"临终者"和"照护者"双方都从心底认同，一个人才算真正自然而幸福地走完人生的最后一里路。

（一）协助建构与疾病共生的观念

无论是在东方社会还是在西方社会，长期以来，疾病和死亡是禁忌话题。很多人不愿意多想自己未来的晚年生活，更不忍心与年迈的父母讨论他们的疾病和死亡。但是很多时候，对于年迈和重病的人来说，与他人交流他们的临终愿望并使之得以实现，并不是一种负担，反而使他们能以更轻松的心态来对待生命的最后阶段。

客观地说，当死亡具体浮现脑海之后，无论是患者本人或是陪伴家属，往往都无法冷静对话。因此，不管是患者本人还是亲属，都应该在死亡变得具体的前一个阶段，也就是从平常还健康生活的时候，就开始谈论彼此的生死观以及死后的愿望。

或许，很多为人子女者会说："我爸妈从未和我们谈过生死观，他们还这么健康，我怎么敢问呢……"的确，当双亲还健健康康的时候，或是面对自尊甚高的长辈，要正面询问其生死观或许是相当困难的，尤其是在大家平常都拒死亡于千里之外的情况下。当然，如果还要更具体地去询问："如果癌末或是失去意识，那个时候你会希望我们怎么处理？"老人家或许还会勃然大怒："不要触我霉头！"然后再也不愿听到同样的话题。

但是，当一个人罹患重症以至于必须直接面对死亡时，这样的问题总会呈现出来。为了避免直接和临时询问与讨论的尴尬情形，作为亲属，我们要与长辈或者亲人讨论死亡话题，一开始最好先从自己"对于死亡的看法"谈起，然后像是自己需要找对方商量心事一样，谈论自己的想法。

例如，为人妻或为人子女者可以说，"如果我遭遇车祸，伤重没有意识、无法言语，或是呈现完全脑死状态的话，我希望你们不要帮我装上人工呼吸器"。

或者，为人子女者可以说："如果我罹患早发性失智症，连爸爸你是谁我都认不得，无法独力进食的时候，我希望你们不要帮我做经皮内视镜胃造口，或是用点滴来维持我的生命迹象。"然后接着才问："爸爸，你觉得呢？如果是你的话，你希望我怎么做呢？"

像这样，先从自己的生死观谈起，询问对方的意见，就像是不知道这样的想法到底妥当与否一样。以这样的方式切入讨论，大部分的情况下，都会得到一些回应。可能对方会说，"不，如果你变成那样，我还是会想办法让你活着"，或者也可能是"好，我知道了"。

无论如何，在得到对方这样的回应之后，我们可以再试着询问："如果是你的话呢？"在这样的情况和心境下，话题会更容易顺利地展开。有了这样的开端，之后彼此再聊起同样的话题，就不会再感觉那么难以启齿了。

当然，也可能有一些人，即使你什么都不问，他也会自己开始说起"万一……"的时候，他的期望和生死观。那当然是最好不过的切入讨论的时机。

总之，如何将"临终照护者的假设"发展成为"临终当事人的假设"，通过循序渐进的对话来深刻思考，然后，和对方达成共识。这是我们作为照护者实现"无悔的临终照护"应该踏出的第一步。

　　另外，由于现代医学技术的发展和异化，以及人们相对扭曲的生死观，所以，对绝大部分生病的人和亲属来说，注意力几乎都只是放在"接受治疗"和疾病的"痊愈"上，而很少有人直接接受"死亡是自然的事"的观念，并且直接以"照护"的观点而不是以"治疗"的观点来看待疾病。有时候，真的是一家人团结一气，"拼了命"也要"把病治好"。

　　但是事实上，即使医学发展到今天，绝大部分的病也是治不好的。想要将疾病从一个人的身体去除，让存在于现实中的疾病彻底消失，也就是治愈，在现代医疗领域中实际上是极为困难的。要达到百分之百痊愈的目标，虽然理想，然而最终能达成的却只有一小部分人。

　　因此，面对疾病，尤其是严重疾病，如果不顾这样的事实，继续执着于治愈，就可能导致这样的结果——仿佛"治疗疾病"变成了人生最重要的目的。如果从整体人生的视角来看，这样的选择和做法，可能蕴藏着"降低日常生活质量"的风险。而如果家属对于"治愈"疾病的执着程度甚至高于患者本人，那么，患者本人所承受的压力是远超过我们想象的。

　　当然，为了提高生活质量、生命质量，如果能够治愈疾病，以无病之躯开始新的生活，当然很好。从这个角度说，面对疾病，我们坚持治疗疾病、改善现实状况的"治愈"观念，是有道理而且十分重要的。但是，面对不可彻底治愈的现实，我们更加需要建立新的观念，那就是，持"与疾病共生，尽可能平静度日"的"照护"的观念。当我们能够建立起与疾病共生的"照护"观念时，即使无法改变生病的现实，只要我们给予适当的照护，人的心态也是可以大幅转变的。而且，在现代生活条件下，这绝非难事。

　　例如，高血压患者，实际上是可以在日常生活中通过注意饮食及运动，同时配合服药以达到抑制症状的。而这，正是高血压这项疾病的"照护"方法——让患者尽可能维持正常生活。有了这样的"照护"观念，没有人会为了根治高血压而接受心脏或血管手术。因为，毕竟无法保证动了手术就能完全痊愈，如果贸然实行，患者连原本正常的日常生活都会失去。如果太过执着于完全"治愈"，其结果大概就会演变成这样的情况。

面对癌症，情况也是一样的。尤其到了癌症末期阶段，如果一直执着于完全"治愈"的话，患者本人在肉体和精神上都将遭受无法承受的痛苦。如此，患者将可能度过极为难熬的一段临终时间。这样，想要迎接无悔的临终，也就变得非常困难了。

因此，在癌症已经没有办法借由手术完全切除的情况下，作为照护者与陪伴者的亲属，与其执着于无效的"完全治愈"，不如认真思考最妥善的"照护"方式，这才是真正的"为患者着想"。在这种情况下，我们应该做的，是尽可能协助患者本人去做他想做的事，完成他想完成的心愿。甚至，如果患者已经无法像过去一样进食，那我们就该替他想想，什么样的食物才可以让他吃得津津有味。

当我们以这样的"照护"方式面对患者，去协助患者本人缩短理想与现实的差距，才真正能够在日常生活中带来欢笑；面对未来，也才可能真正获得无憾的善终。而经由采取"照护"的观念而不是执着于"治疗"的观念，我们对患者甚至临终者的照护，也就可以由"辛苦"转化为"幸福"。"辛"这个字，只要再加上一横就变成"幸"了；而陪伴家属的"照护"观念，便是加上这一笔让"辛苦"变为"幸福"的关键。

（二）调整面对患者和医生的心态

世界上有不计其数的家庭，环境各自不同。即使是乍看之下和乐的家庭，也或多或少都还是有烦恼。这样的烦恼如果是家人间的感情纠葛或不睦，在面对罹患疾病甚至临终的亲人时，便有可能产生这样的问题——该如何与彼此相处直到患者的最后一刻？

家人之间虽然血脉相连，然而总是会有一些人让你只要想到过去他对你的所言所行，就无法原谅。面对这样的人，即使检查出罹患重症，你也有可能不想照顾他。但是，真这么做时，又好像太过于冷酷无情。

实际上，在现实生活中，也确实有这样的情况和问题出现。比如，

"我的父亲自幼对我暴力相向，我无法原谅他。只是，他诊断出罹癌，我不知道该不该照顾他"；又比如，"我的女儿在十五年前未婚生子后没多久就把小孩丢给我，和不认识的男人私奔去了。之后音讯全无，我早就当作已和她断绝了母女关系。可是她最近检查出子宫癌末期，医院联络我，希望我能接手照顾她，我很烦恼"。除了暴力和不孝，还有过度地重男轻女、金钱纠纷、子女教养等问题，导致亲人之间的情感纠纷和不满。过去的精神创伤形成了很难解开的"疙瘩"，以至于无法好好对应目前的情况。

那么，面对这样的情况，到底该怎么办呢？

一个人在过去遭受了多少不愉快，忍耐了多少委屈，明眼人或许都能看得出来。但是，在面对前面所说的这种情况时，即使你再怎么讨厌对方，如果在他死前你都没有付出任何照顾，很多人事后都会有一些自责的——"我竟然见死不救""我居然任由他自生自灭"。这样强烈的情绪冲击，恐怕非常可能会一辈子留在这个人的心底。

正因为如此，我们需要好好面对自己，好好听听内心深处的声音，并好好应对和处理面对的现实情境。如果我们换一个角度想：过去，我们已经遭受了百分之九十九的不愉快，现在则相当于剩下来的百分之一。面对眼前的家人，如果我们不出手相助，在他过世之后，我们会不会后悔？我们会不会背着"见死不救"的沉重十字架过一辈子？如果我们这样问自己时，会生起罪恶感，觉得"我或许会"的话，那么，选择陪伴在侧，应该是比较好的道路。

当然，由于彼此之间长年的摩擦，加上又是"不可原谅之人"，实际上要着手进行时，或许需要一点特别的契机。但是，作为家人，我们自己可以这样来正面思考问题："如果好好照顾他，我自己应该也能在这个过程中更加成长。"当我们将这样的想法转化为自己行为的原动力后，我们的内心和身体应该就能够慢慢开始行动起来。

不过，这并非绝对适合于每一个人。对于有些人来说，或许需要另外的契机，甚至是某些被"功利化"的观念左右的契机，或者更干脆明确的想法，以此来鼓舞自己开始行动。比如，"我来照顾他，就把他的年金当作是我的薪水好了""我来照顾他，反正最后可以拿到他的保险金和遗产"等。即使是以这样乍看起来令人不齿的想法来踏出第一步，把这样的想法藏在内心深处，去开始照护陪伴的行动，都比事后后悔好得多。

事实上，这样的行为如果真的发生，原本不睦的家庭关系，通过照护，也会发生奇迹性改善的。反之，如果什么都不做的话，家人间会一直互相仇恨，直到永别。问题是，正因为死亡就在眼前，彼此才能够打开天窗说亮话，甚而进一步和解。所以，如何跨出这一步，是具有这样经历和感受的家人必须认真考虑和面对的。

当然，这样说，并不是要求无论什么样的家庭，再如何无法原谅的对象，只要他生病了，我们都得去照护他。只是说，我们在决定自己的下一步行动时，不能够仅仅以过去的经验和情感作为判断的基准，而应该在脑海里想象未来的画面，以便综合起来思考和决定。

在照护患者的问题上，除了需要调整我们作为亲人的情感与心态，也需要面对医生的诊断和告知。当人徘徊在人生的最后关头时，一定得面对的，就是告知问题。

医生告知的内容重点，大致包括三类，即病名告知、病情告知以及余命（预后）告知。

关于病名的告知，总体说来，我们目前还缺少对"病人自主权利"的尊重。但是，出于对"善终"的考量，对不留遗憾、少留遗憾的临终的考量，最好的做法，还是应该要请医生告知，并且应该传达给患者本人。比如，对于一个被诊断罹患癌症的人来说，在告知"癌症"这个病名之后，患者本人的想法是一定会有所改变的。即使是过去从未意识到死亡的人，也会从这一刻开始具体为自己没有遗憾的临终做准备。

如果患者是一个"没试过所有治疗方法就不甘心"的人，只要经济上宽裕，那么在得知自己罹患的真实病名后，就可以从最先进的医疗到最新的健康辅助食品开始尝试。而对于一个有一长串心愿清单的人来说，知道自己罹患的是什么病，也就可以立即开始一件件去着手执行。否则，如果连病名都不告知患者本人，他将"不得不"维持和过去相同的生活方式，直到临终。其结果，必将造成他无论在医疗方面还是生活方面，都无法实现他想做的，最后不得不接受"抱憾而终"的结果。

当然，也有极为少数的患者会说，"关于死的事情，我都不要听"。如果是本人希望如此，那么，我们当然应该尊重他，不需要告知患者病名。但是，家人之间，一定要周知并详细了解病情。家属可以在日常生活中从旁观察，看患者有没有想做的事，并协助他完成。

关于病情告知，为有利于患者的生活安排、生命实现，原则上，除非本人排斥，基本上应该传达给本人。告知病情最大的好处是，借由告诉患者疾病现在的状态，可以让他同时理解未来将产生的症状。除了可以在早期做好面对这些症状的心理准备，也可以预先具体想象自己在不久的将来即将消失的能力，提早做规划。

比如，如果告知病人"因为癌症已经移转至脑部，今后随时都可能发生痉挛"，如此一来，他就能判断，"那我就不要再开车或骑车了"。相反地，如果没有正确传达病情，或有意隐瞒病情，那么就可能造成他还是坚持独自开车出门进而造成危险事故的后果。由此可知，病情的告知与提高日常生活的安全是紧密相关的。

关于余命或者说预后告知，情况比较复杂。如果患者本人明确表示"我想知道"，那么基本上应该诚实告知。然而，如果患者本人没有特别表达意愿的话，因为余命告知的内容明显比前述两种告知更加沉重，因此，应该要在充分考量患者本身的性格之后，再来判断是否进行。

不过，客观地说，所有的医生都不可能绝对准确地知道一个患者的余命到底还有多长。即使是有经验的临终关怀或安宁疗护医生，也只有在余命剩下约一个月的阶段，才能够做到相对正确的预测。而且，事实上，也有许多例子是医生宣告余命只剩三个月的，最后却活了一年；抑或是被宣告余命还有半年的，最后却在三个月后一命呜呼。

实际上，医生在宣告所剩天数时，做的都是最坏的打算。因此，如果医生宣告的余命比预期要短，陪伴的家属可以用比较乐观的心态来对应。比如可以这样想："虽然只剩下三个月的寿命，但情况好的话，可以再活上三年呢！但最糟糕的情况是三个月。因此，从今天开始，就过着不留遗憾的日子吧。如果可以一直活下去的话，那不是很幸运吗？"

从照护者角度说，考虑到让患者本人能够过上比较没有遗憾的最后日子，我们必须调整一些并不完全正确的心态，无论接受的是三种宣告里面的哪一种，不要只是从负面角度去看待，而要学会从告知的内容里找出可以正面思考的要素。这样，才可以充分利用医生告知的内容，协助患者本人规划和完成今后的生活。

（三）协助患者做他们想做的事

通常，如果家中有人罹患重病，家属总是会说，"现在好好养病，等你好了，我们就去旅行""现在安心治疗，等你出院了，我们就去吃好吃的"等。这样的想法和安慰，或许是为了鼓舞患者面对疾病的勇气。

但是，对于死期就在眼前的人来说，相较于"不知何时才能实现的目标"，"现在就能做得到的事情"才是更加重要的。因此，为了让这些心愿能够尽可能顺利实行，陪伴者的引导和协助是非常重要的。

就患者罹患的疾病和身体状况而言，即使检查出来的疾病是癌症末期，半数以上的患者一开始都还是能行动自如的。但是，他们都有着某天可能失去行动能力的隐忧。正因如此，只要患者不是极度厌恶外出，我们就应该尽可能带他们出去。至于目的地，只要患者本人还能说出自己想去的地方，都无所谓。如果有些担心远行，可以和主治医生商量调整药物，也可以委托相关业者安排司机或是看护。如果难以远行，到附近的商场或者林荫道走走也很好。

依据病情的进展程度及种类的不同，有些患者可能不太能够活动。针对这种情形，可以利用生日、结婚纪念日、父亲节、母亲节等，准备他所喜欢的食物或是摄影留念，开心度过。像这样，通过实现自己的心愿，患者的自信也会增加。而且开心度日、情绪正面积极，也能够提升免疫力，增强对抗疾病的抵抗力。如此一来，无价的回忆将能带来无悔的临终。

二、与疾病共生期的照护陪伴

当一个人被宣告罹患重病，感觉死亡就在眼前时，总是会怀着极大的不安。即使谁都知道"人终将一死"，即使一个人已经确立了自己明确的生死观，做好了面对死亡的准备，但是一旦真的"身处当下"，也还是会或多或少感到不安。因此，面对与疾病共生的患者，作为照护者，我们也需要相应的生命成长。

（一）用爱与沟通消除痛苦

很多人对自己深爱的亲人，常常抱有"己所欲，施于人"的心态，总想把自己最喜欢的、自己觉得最好的东西给他们。在现实生活中，我们可以观察到，一些日常的活动——比如逛商场、烹饪、养花种草、看电视等，可能某个人会非常喜欢某个活动，而同样的活动另一个人却非常不喜欢。在更重大的问题上，一家人的看法也很有可能各不相同。我们心目中什么事物是有意思的、什么是可憎的，都只是个人观点，即使是亲密的一家人，对生活的要求和愿望也往往有很多差异。作为照护者，我们不能假设被护理的亲人对任何事的看法都跟我们一样，不能假设我们喜欢的他们也一定喜欢，我们讨厌的他们也一定讨厌。

沟通可以消除痛苦。对于处于疾病共生期的患者来说，愈接近临终，爱愈重要。因此，陪伴在侧的人需要通过仔细倾听患者本人所说的话，尽可能消除他的不安，给他心安感。这样的倾听和爱，是从死亡变得真实的"最初阶段"到"最后阶段"都需要的。

伴随着时间的流逝和疾病的发展，作为陪伴者，我们必须充分考虑和照顾病人的"痛苦"。在大部分情况下，痛苦并不仅止于精神上的，同时也包含了随着病情发展而衍生的身体上的痛苦。尤其如果患者年纪较轻，情况就更为严重。

对于罹癌患者来说，随着病情的发展，"体"力是不分年纪都会逐渐衰退的。但是，"脑（意识）"力却不然。如果是高龄者，大部分患者的脑力都会和"身体"一样，出现相差无几的衰退；然而在年轻人身上，则情况复杂得多，差异也会非常的明显。因此，罹癌的年轻患者和高龄患者相较之下，会感觉更加疼痛，更加难受而吃力。当然，对所有年纪的患者而言，减轻痛苦的必要性都是无庸置疑的。因为能够减轻疼痛，才能够防止生活质量的低下，才能够活得像自己，直到人生的最后一刻。

在医疗实践中，现代安宁疗护和缓和医疗的发展，已经非常重视彻底消除疼痛，也发展出很多消除痛苦的药物和方式，比如使用类固醇（副肾皮质荷尔蒙）、增加营养、采纳中药、西药等各种方法，调整身体及头脑（意识）之间的平衡，引导病人消除痛苦。但是，有一种消除痛苦的"特效药"，无论多么资深的安宁疗护医生都绝对提供不了。那就是，家人之间充满爱意的沟通。

其实，对于家人之间的沟通，我们也并不需要"刻意"为之。事实上，正襟危坐的态度和正儿八经的服装，往往会徒增紧张和严肃感。实际上，在患者病情加剧或是愈接近临终的时候，身旁的人更应该用一如往常的态度和平静的心情看待和对待。在不勉强的范围内，我们可以在患者病情加剧的过程中，不断增加这样"一如往常"的次数。为了尽可能避免让患者感觉拘谨、紧张，我们可以不那么严肃，而是在轻松的气氛下与患者交流沟通，这样更容易问出他们的真心话。

只要有沟通的力量和安宁疗护医生的帮助，即使癌症日益严重进入末期阶段，患者本人的心愿大都还是可以充分实现的。比如，大家可以照张全家福留念，或是到熟识的餐厅吃饭。如果患者本人已经不太能够活动，也可以买来他所喜欢的东西送到身边，甚至只是"想吃什么"的愿望，也都可以帮助他实现。

对于患者来说，在照护和心理支持上，医疗的局限性是很明显的。

因此，作为照护者的亲人，为了帮助患者消除痛苦，尤其不能忘了沟通的重要性。

有时候我们可能会认为我们十分了解自己的亲人。一家人亲密相处了几十年，的确会有很深的相互了解，但是从另外一个角度来看，这种了解未必能包括生活的方方面面。而当一个人日渐年迈的时候，他对生活的需求和各方面的爱好、禁忌和其他愿望都有可能在不断变化中。尤其是一些生理上的变化和随着年龄发生的心理变化，会使得一个人的喜好和兴趣有重大改变。另外，随着时代变化和社会环境的变化，人们也会不断地发现一些新的兴趣爱好和活动内容。因此，即使是一家人，也需要通过不断的交流来了解彼此的生活愿望。

即使是患者本人和陪伴在侧的家属对于"万一的时候"所期望的治疗方针已经达成了共识，随着病情的发展，也还是可能出现意料之外的阻碍。最有典型意义的，便是从大老远特地赶来看望患者的亲戚。比如，当发现双亲罹患癌症时，平常不住在一起的手足或孩子聚集而至，每一个人都可能滔滔不绝地发表各自的意见。在大部分情况下，这些人甚至好好倾听患者本人的愿望都很难做到，而只是一味地表达自己的主张——一定要让患者活下去。关于死亡，他们没有认真思考的经验，只是深信"现代医疗什么病都能治得好"。他们误以为，如果患者不接受"积极医疗"的处置，"就等于是见死不救"。更为糟糕的情况是，甚至有人会只重外界观感，考虑个人声誉，说出"现在都什么时代了，还不让患者接受治疗，简直不成体统"这样的话。

当然，客观地说，大部分远道而来的手足或孩子们的主观意愿和立场，肯定都是"为了患者本人好"。可是，问题在于，在"为了患者本人好"这个目标面前，应该列为第一优先考虑的，终究应该是患者本人的期望，而不应该是其他人的期望。这一点，必须作为"为患者本人好"的最高原则。因此，不管是"平常就陪伴在临终者身旁的人"，还是"远道而至的亲戚"，无论我们的立场是什么，我们都应该始终抱持"理解临终者心情"的态度和观念。

对于"平常就陪伴在临终者身旁的人"来说，还必须注意一点：如果对于临终者和我们之间已经达成的共识，"突然出现的亲戚"大唱反调，那么，我们是有必要尽可能冷静地向他们说明临终者本人的期望的。在这样的情况下，如果有必要谈到医疗或照护等相关专业内容，或是大家情绪过于激动以至于无法对话，也可以请医生、照护管理人员等介入沟通。

对于"远道而至的亲戚"来说，我们应该尽可能倾听平时就陪伴在身边的主要照顾者的意见，并且对此意见尽可能采取尊重的态度。当然，我们或许会担心自己在患者亡故之后，会不会因为不能做到自己想为他做的而懊悔。其实，我们必须意识到，不仅现代医学有其有限性，而且我们每个人所了解的医学知识更有其有限性。如果我们一直执着于自己或是周遭的人所拥有的知识、信息，或许反而会让眼前重要的家人受苦。如果我们希望他能够自然、安详地离去，有时候我们必须接受观念的转换。

（二）坦然面对患者的临终现象

人在迎向死亡的过程中，会发生不少一般认为"不可思议的现象"。关于这些不可思议的现象，只要我们能够改变观念，有一部分就能够充分理解。

在走向临终的剩余时间流逝的过程中，我们所珍视的人可能会出现过去从未发生的一些现象。比如，体力渐行衰弱，昏沉的时间不分昼夜愈来愈长，从这个时期开始，不少患者会诉说一些现实中不可能发生的景象，例如"我去见了已经成仙的爸妈""我以前养的宠物一只只跑出来""我走在漂亮的花田里"等。这些不可思议的现象，称为"临终现象"。

有研究表明，四成以上的人曾经有"临终现象"的经验。临终现象发生的理由，从医学的角度而论，有一种说法，是因为脑部氧气供应不足或是用药过量。但是，更容易被人接受也最能反映实际情况的说法是，"脑内因为死期的接近而分泌快乐荷尔蒙"。

　　临终现象是临死过程中的一个自然现象，患者本人的感觉或许是幸福的。有研究指出，在体验过临终现象的族群里，有九成的人都回答，"去世者走得平静而安详"。只是，就陪伴者而言，很多人或许因为事情在现实中不可能发生，所以突然听见患者这么说时，会感到十分的惊讶，甚至恐惧。

　　针对患者身上呈现的这些"临终现象"，作为照护者，当我们听见这些话的时候，不要采取排斥的态度予以否定，切不可说"不可能""你在做梦吧"或者"听了真让人不舒服"之类的话。如果让患者感受到我们否定或是拒绝的态度，他便不会再与我们谈论临终现象的话题，我们与患者的沟通，也会因此产生裂痕。不仅如此，患者或许还会开始否定自我，觉得"体验到临终现象"的自己一定有什么问题。

　　其实，对于临终者叙述的临终现象，我们不需要担心。我们只需要好好观察患者叙述临终现象的样子。如此一来，我们就能明白，他并未感觉恐怖或是痛苦。或许，我们反而能察觉到，他在与我们分享那些现象时的表情是平静、安心的，甚至有时候还会笑出来。也就是说，或许只是患者因为快乐荷尔蒙的分泌而做了一个愉快的梦，他向我们述说他的体验，我们只需要温柔倾听就可以了。

　　有时候，患者在睡梦中或许正在经历临终现象。他可能会活动身体的某个部分，或是发出比较大的声音。这时，我们需要观察他的样子。比如，有这样的例子，有患者在睡眠状态举起右手从头顶往下甩好几次，还拉扯输液导管。表面看，这是一个不明所以的动作。但是，家属告知，患者非常喜欢钓鱼，"他可能正在梦里享受钓鱼的乐趣"。

　　如果患者的临终现象是以活动肢体的方式呈现，不明究竟的人往往会认定他"施暴"，因而容易发生强迫患者接受医疗处置的情况。在重视标准作业流程的大型医院里，更可能草率地以"情况不稳""谵妄"（意识不清，出现幻觉或是错觉的状态）来下结论，并马上将病人捆绑在病床上。如此一来，快乐荷尔蒙将不再分泌。当然，患者也无法再经历临终现象。这样的做法，可以说是妨碍了患者的自然死亡。反之，经历临终现象也意味着快乐荷尔蒙可以确实分泌，患者本人并无痛苦。

生命是神奇的，作为生命的一部分的死亡，同样是神奇的。如果置身与人类死亡极度接近的距离，不要说是医学或是科学，连一般常识都无法说明的不可思议现象，确实是存在的。

石贺丈士记述了她自己曾经经历过的一个案例：她一如往常去进行居家采访诊疗，患者是90多岁的老奶奶。老奶奶对她娓娓道来："医生，我5月11日就要走了，谢谢您一路以来照顾我。我没有遗憾，有的只是感恩。最感谢的，就是我的家人。接下来，我要和我所有的家人好好聊聊，然后在5月11日和他们说再见。"听老奶奶这么说，她感到十分惊讶。这位患者既非失智症也非忧郁症，却如此强调说出自己的死期，而且，虽然她已经90岁高龄，当时并没有任何征兆显示她将在近两星期之后离世。5月11日的早上，老奶奶在她最钟爱的住宅中溘然长逝。据家属所言，早上去看她的时候就已经没有鼻息，彷佛是在睡梦中过世一样。

其实，在宗教中的一些高僧大德，或者过去一些非常有修为的老人，确实有些人准确预测了自己离世的日期。即使日子不是刚好在那一天，也有说出"我差不多要走了"而大约知道自己不久于人世的例子。这样的例子，如果用通俗一点的话来说，就是所谓的"预感"。

另外还有一个词，就是所谓"投胎转世"。这在佛教，是基本生死原则。但对大众来说，同样是不可思议的现象。

《死亡如此多情》一书中记录了一位"托梦"的案例。一位医生长期治疗一位罹患"狼疮性肾病"的病人，看到病人一天天恶化，心生不忍。一天晚上，医生突然梦到病人来看他，并和他说了很多话。医生猛然醒来，有意识地看了看表，凌晨三点。第二天早上上班时发现，这个病人去世了，而且去世时间正好是凌晨三点。王一方教授在点评这一案例时写道："与鲜活的生命打交道，每一个人都是唯一，我们不可拘泥于教科书与指南里那点刻板的专业规程与预测尺度，而应该启动全部的关爱，全天候地测知病人丰富的身心灵变化，那样，我们不仅能决生死，还能惜生死、达生死，成为有灵犀的'神医'。"①

对于这些我们自己无法解释的现象（实际上也是医学和一般科学很难解释的现象），我们需要做的，首先就是要接受这些现象"并不是那么不可思议的事"。或许我们自己在有一天也会有相同的体验也不一定。一个人到死亡之前的过程，有时候即使是在去世之后，都会发生医学、科学、一般常识无法说明的现象。与其过度反应，倒不如试着接受。

三、临终前的照护陪伴

由于现在死亡处所的变化，医院成为了最主要的死亡场所。也因此，患者临终在场的，往往不是家属，而是医生和护士。尤其是对于在ICU经历紧张抢救而"不治身亡"的人而言，更是如此。这样的死亡，当然不是人们期望的自然死亡，不是人们向往的善终。其实，从自然死亡和善终角度说，人在迎接生命的最后一刻时，并不需要医生在场，患者本人及其家属才应该是主角。人本来就可以没有痛苦地、安详地、自然地死去，我们的人生可以自行以"自然死"的方式画下句点。当患者本人及其家属以彼此都能接受的方式完成临终的告别之后，可以再请医生过来做相应的临床处理和遗体护理。

（一）了解和应对濒死时的征兆

如果作为照护者的家属能够事先知道患者在接近临终时将出现的"濒死征兆"，就可以在一定程度上掌握剩下的时间，并因此做好充足的心理准备，在患者大限已至之时不会慌张哭闹，大家可以毫无遗憾地度

---

① 中国医学论坛报社.死亡如此多情［M］.北京：中信出版社，2013：230.

过"与重要的人的重要片刻"。这才是真正的自然死、善终。

　　相对于自然死亡而言的"人工死"，患者的痛苦可能因为院方施予的积极医疗而增加。在患者死亡前夕，也可能发生院方将家属赶出病房，在形式上为患者进行心脏按摩和电击等急救的情形。从善终角度看，在患者及其家属迎接安详临终的重要时刻，是否需要医生扮演如此多的戏份，是值得我们思考的。

　　人都逃不过死亡的命运。而重要的人的临终，对家人而言是无可取代的"生命教育"。考虑到这些层面，我们更应该坚信，人在临终时，或许是不需要医生在场的。为此，作为照护者的家属，需要学习和了解濒死时会出现的一些征兆，以做出合适的应对。

　　人在去世前的过程中，身心会产生各种变化。陪在身旁的人如果可以预先了解这些"濒死时会出现的征兆"，将可以助我们实现与临终者没有遗憾的道别。身心之所以会产生各种变化，是生命将尽之时十分自然的现象。这些动作在旁人看起来或许相当痛苦，但实际上临终者本人可能没有那么大的感觉，可能只是人在步上死亡之路的过程中会发生的自然反应。如果对于濒死征兆有所误解，勉强叫醒患者本人，这样的强制清醒，可能引起患者的痛苦或疼痛。如此一来，最后的告别则可能演变成一场悲剧。因此，为了度过没有遗憾的生命末期，照护者必须先了解濒死时会出现的征兆。

　　一旦有了这样的知识，例如在"剩下最后八小时"的时间点，在身边的家属就可以联络临终者住在他处的其他亲人，而不致发生"怎么走得这么突然""没有机会做该做的"这样的终生遗憾。同时，有了对于濒死征兆的常识，也能够让儿孙们不致对于死亡抱持无谓的恐惧，而是可以从中获得相应的生命教育。

　　以下是依据具有十多年临终照护经验的石贺丈士所述，顺序说明临终时几个代表性的濒死征兆，以及家属可行的对应方法。①

---

　　①　［日］石贺丈士.幸福死——面对死亡的31个练习，用你想要的方式告别［M］.台北：时报文化出版企业股份有限公司，2017：146–152.

临终前约一个月。饮食过程中，吞咽食物将变得困难，会出现噎住、呛到的情况（吞咽障碍），摄取的饮食量慢慢减少。在身体像这样处于无法吸收食物的状态时，如果强制患者饮食，认为"如果不进食的话会更衰弱"，对患者本人来说只是受苦而已。因此，在患者本人想吃东西的时候，一点一点喂食他想吃的食物。冰激凌和布丁等食物入口即化，容易吞咽，从补充营养的观点来说也很推荐。如果患者无法饮用液体，可以让他口含碎冰或冰屑或是以湿纱布沾口以补充水分。如果脱水症状明显，就有必要考虑使用点滴，但目的只是补充水分以改善脱水症状，因为患者食欲降低而打点滴以补充营养的行为则应该避免。因为食量降低的缘故，排泄量也会随之减少。另外，因为肌肉松弛、肌力衰退的缘故，也可能发生大小便失禁的现象。无法顺利如厕对患者本人所带来的烦恼，比家属所想象的还要严重许多。家人不需要以打哈哈的方式敷衍带过，你可以同理患者本人心情，温和地说明这是"自然现象"，并且试着建议他慢慢开始使用纸尿裤。有时候或许也会出现呕吐的情况。在生命末期，患者无意识地呕吐或是失禁，是"排空体内秽物而后死去"的动物本能所引起，大部分的情况都没有大碍。另外，每天的睡眠时间渐长，总是处于昏昏沉沉的状态，这也是自然的。患者的身体为了要减少活动的消耗，会以供给能量给重要脏器为最优先。因此没有必要贸然地下结论，认为"白天一直睡，晚上不就睡不着了吗？"而强行叫醒患者。

临终前一两周。患者还能进行普通的对话，只是说出不可能、牛头不对马嘴的事情的比例会渐渐增加。最容易出现谵妄或是濒死现象的，就是这段时期。患者可能会突然说出前文不对后语的话或是大声叫喊。这些并不是精神错乱，而是人在死亡的过程中出现的自然征兆之一。对患者本人来说，这只不过是看见了脑中的回忆，在这样的情形下脱口而出，陪伴者应该尽可能体谅地接纳。另外，这段时期过了之后，患者可能出现无法理解你所说的话，或是即使理解也无法好好回答的情况。因此，如果你有想告诉患者的话，请尽早传达，如果有需要再确认的事情，也请尽可能提早向患者确认。如果有希望患者见上一面的人，也请联络对方请他尽早来访。除此之外的时间，请在如常的气氛中度过即可。

临终前两三天。到了这个时期，约半数的患者会出现"死前喉鸣"的症状，患者在呼吸时，喉咙会发出咕噜咕噜或是呜咽声。一旁的人或许会感觉"好像是痰卡在喉咙不舒服"，然而多数的患者并没有清楚的意识，也不感觉痛苦。如果在此时进行抽痰处理，抽痰的痛苦会惊醒患者本人的意识，可能导致患者产生严重挣扎抗拒的反效果，因此需要特别注意。只要没有呼吸停止的状况，就还是把它视为自然现象，静静守护即可。另外，也有患者会睁开眼睛、嘴巴睡觉，在这样的情况下，请轻轻为他阖上眼、口。也有患者会出现口腔中或是嘴唇周围比以往显得干燥的情况，此时请善用沾湿的纱布或是棉花棒，让患者多少感觉舒适一些。

临终前七八个小时。到了这个时候，许多患者的呼吸会出现很大的变化。最常见到的是下颚突出，亦即所谓"用下颚呼吸的情况"。另外，吸气和吐气的频率也会变得不规则，呼吸可能停顿数秒至数十秒，也有患者用像是叹息的方式呼吸。到了临终前五个小时左右，患者会手脚冰冷，手脚的皮肤会泛紫或是泛白。同时，身体的中心及脸部会发热、冒汗。这是因为身体将剩余的力气用于心跳及呼吸，也带有"燃烧死亡时所不需要的全身脂肪"的意义。无论是哪一项，都是人体在死亡的过程中发生的自然反应。

不过，在这最后的时刻，偶尔会有家属备受刺激而改变心意。即使在很早以前就与临终者本人达成一致共识"不进行积极医疗"，尤其是在见到患者呼吸发生极大变化时，有些人便会拜托医生"请快抢救""请帮他装上人工呼吸器"。当然，在这个阶段已经无法确认患者本人的意志，几乎所有的患者都已经失去意识，连痛苦也浑然不觉。因此要留意，紧急抢救或装呼息器的这些举动是违反患者本人意志的维生医疗行为。

另外，人工呼吸器一旦装上了就无法拆下。即使是医生，卸除人工呼吸器也会被视为杀人行为，在现在是绝对不可行的。再者，如果患者陷入脑死状态，即使能以人工呼吸器勉强活命，大概一个月也会被院方要求出院。也就是说，你因为受不了刺激而改变心意，为患者装上了人工呼吸器，有可能造成你得眼睁睁看着你所在乎的人变成"植物人状态"的后果。如此一来，不仅患者本人不幸，连陪伴者都让人感觉不幸了。

到了这个阶段，家属和医生所有能做的都做了。再经过数小时之后，就不再能感觉到患者的脉动，来到送终的时刻。所以，需要的只是温柔而温暖地守护他。

（二）临终陪伴的生命教育意义

从前，死亡与生活是分不开的。一个家庭好几代都住在同一个屋檐下，孩子会帮父母照顾奶奶，她躺在客厅的床上度过最后几个月的生命。或是，爷爷中风之后搬进来，住在原本的缝纫房里，医生到家里检查这位老先生之后，说："没必要再移动他了，他最好留在这里，这是自己的家，有自己的亲人。你们只要让他安适就好，有需要再叫我来。"在许多国家，人们还是以这种方式等待死亡——留在家里，由家人照顾，死亡变成全家人生活的一部分。

现在，多数家庭并没有如此亲密、频繁或持续地陪伴临终的家人。不像以前，他们无法学习如何平静面对至亲生命即将告终的事实。疾病与死亡被移出家庭，转到医院或养老院。专职人员成了照护者，亲友变成了旁观者，目睹事情的发生，非但没有经历一连串的情感起伏并从中得到启发，还必须受限于医院所开放的探病时段，感到不舒服与不满足。

临终道别的场面，对活着的孩子、孙子而言，可以说是最好的"生命教育"。这样的时刻不但可以教导他们生命的重要与对死亡的尊重，临终者甚至还能以其自然死亡的过程与状态，告诉他们"安详的自然死亡并不可怕"。因此，应该鼓励患者的孩子和孙子们一起送他最后一程。

医护人员或主要的照护者可以向亲人说明生命教育的观念，并从医疗照护、起居照顾的阶段开始替每个人安排一个"工作"，请他们负责患者到临终。说是"安排工作"，其实也都不是什么大事。比如说，"负责喂他喝茶或喝水喔""负责为他按摩双腿好吗""麻烦你为他擦背"，像这样，分配他们一个人负责一件简单的照顾工作。

在死亡被这个社会视为禁忌以来，能够经历这类体验的孩子已经愈来愈少。当病房内的情况愈不乐观时，大人们愈会把孩子赶出病房，强调"没什么好看的"，并由此隔开患者和孩子们。如此一来，待在一墙之外的孩子们理所当然地会觉得"死亡是可怕的"了。也有一些孩子可能会心生不满，觉得自己被当作了外人。

因此，好好地引导孩子和孙子们参与临终过程，会带来很大的不同。通过和患者共度生命片刻，关于重要的生命还有死亡，孩子们能获得扎实的学习。参与感在孩子们身上强烈萌芽，而借由实际参与照护直到患者咽下最后一口气，他们也能和其他的大人一样，获得"我尽力了"的无憾，并且"无碍地接受"患者的去世。当然，如果眼前所见的死亡过于惨烈，或许也有孩子会临阵脱逃。可是，因为自然死亡的患者多半都是宁静而安详的，孩子们应该可以体会到，"原来人的自然死亡可以如此平静"。

其实，临终照护及"送终"的过程，不仅是对孩子很好的生命教育，对成年人也是。一个人如何死去，会一直停留在遗族的记忆里。我们有必要充分了解临终痛苦的特质以及其对应方式。在某种程度上，临终前数小时所发生的一切，可以疗愈遗族的心，也可以让他们永远陷于悲伤之中。尤其是重要的人临终前的一星期，这段时间会为陪伴在身边的人或是遗族留下深刻印象。

如果从临终者本人的嘴里说出许多懊悔的话，或是让临终者看出了自己的不满或是辛苦，生者心里或许都会涌上悔恨的念头。相反地，如果得以为临终者实现"去世前的心愿",彼此开心地做到不留遗憾的充分沟通,这样就能留下幸福的回忆。如果希望你所重视的人的死成为幸福的回忆,深植脑海,并从中学习到一些对你往后人生有所助益的事情,那么,患者去世之后的三十分钟、一个小时是十分关键的时刻。

一开始,失去所爱的人的悲伤会占据我们的全部心灵,这是理所当然的情绪。只是,当这样悲伤的波澜乍然平息之际,我们最好能够试着回想最后一两个星期自己在照护临终者的过程中的付出。比如,温柔倾听患者的话语,支持患者去实现他的心愿,并一路陪伴到最后,等等。如果患者曾经对我们有过感谢或慰劳的只言片语,那就充分表达了他对于彼此能够共度珍贵时间的心意。如果能够像这样察觉隐藏在自己内心角落的"满足感",一点一点地接受重要的人的死亡,之后自然也就能够一点一滴地整理自己的心情。

有时候,人们会强调,当重要的人去世之后,可以进行"哀伤辅导"以疗愈遗族的心。所谓哀伤辅导,就是陪伴在家属旁边,使他们得以克服悲伤、后悔或是空虚感。其实,对于面对自然死亡事实的家属来说,哀伤辅导并非十分必要和重要。因为,如果家属能够以合情合理的方式陪伴去世者最后一程,那就已经在自己的心里做好哀伤辅导了。如果去世者的临终是以幸福的感觉刻划在脑海里,家属因此能够整理好自己的情绪,也就没有理由引发忌日或纪念日的特别反应了。

当然,时光一去不复返。如果我们对于过去陪伴家人最后一程的经验,在相当长一段时间都留有负面情绪,那么,主动向医生或是身边的人传达自己难过的心情,寻求支持和帮助,对于自己的疗愈和成长是十分重要的。不过,也需要因此提醒自己,在面对以后的其他亲人时,要尽可能做到让自己没有遗憾的临终陪伴。

实际上,如果我们经历了无憾的临终陪伴,送终的场面是不会有特别悲壮的气氛的。相反,家属可以自然流露出放下和安心,这种安心来自"已经尽力而为"的满足感和自豪。因为已经尽其所能,所以,甚至也可以与逝者合照留念。如果现场没有笼罩这样的正面氛围,家属一般是不可能拍下照片的。因为，如果患者是在痛苦中去世，家属也感觉到深刻的悲伤和悔恨的话，是不可能掏出手机拍照的。

此外，没有遗憾的送终体验，也可以帮助到陌生人或者下一位经验者。活用面临死亡的体验，积极向前，我们就能够微笑地迎接死亡。因此，我们每个人都需要做好准备，让临终的别离没有遗憾。如果可以尽力做到自己也能接受的照顾和送别，我们接下来就一定能积极过好自己的人生。这不但是去世者生命的延续，也是跨出自己微笑迎接临终的第一步。

第九章

生死智慧

——一位儒者的死亡准备

公元1978年2月2日，农历丁巳年12月25日，凌晨5时半，现代大儒唐君毅先生因肺癌病逝于中国香港的家中。若依公历计算，唐先生已度过70寿辰（1月17日），享年70岁；若依农历计算，则唐先生还差一日（12月26日）才满70岁。依据唐先生的日记，唐先生1976年8月7日被诊断罹患肺癌，到1978年2月2日逝世，共计545天。由于唐先生被诊断出罹患不治之症，在这段晚年岁月中，相当一部分时间都在住院治疗，也是在直面死亡。大体上，其晚年五百多天的"死亡准备"岁月，可以分为3个时期7个阶段。

一、罹患癌症与积极治疗

唐先生被诊断罹患癌症后的第一个时期，是既为死亡做好准备，同时也积极治疗。

（一）身心疲累，罹患绝症：在香港被诊断癌症前后（15天）

1976年8月，刚经历了香港中文大学改制风波的身心煎熬后，唐先生的身体和心理都感受到了极度的疲惫，咳嗽不止。8月7日，唐先生至聂医生处检查身体，医生主张照X光检验。11日，医生通过X光片观察，认为肺部有问题，希望再另请专家诊断。12日至张公让医生处，下午又由赵潜同学陪同前往卢观全医生处复诊。根据X光片，两位医生皆言肺有肿癌现象。当唐先生意识到自己罹患癌症后，所做的第一个决定便是，立即给台湾学生书局张洪瑜打电话，请其速排《生命存在与心灵境界》一书，以便到台湾治病时校对。①

---

① 唐君毅.日记［M］//唐君毅全集（卷33）（下）.北京：九州出版社，2016：308-309.

当晚，唐先生与夫人一夜未成眠。面对突然而至的死亡威胁，以死观生，唐先生反思了自己的生命与学问，念及自己学问功夫，谓，"念自己之学问，实无工夫，实庸人之不若，如何可至于圣贤之途？今日下午与廷光谈我所见之理，自谓不悟。但智及不能仁守，此处最难，望相与共勉，应视当前困境作吾人德业之考验。"①唐先生见夫人精神恍惚，情绪反常，乃与之细说生死之道。唐先生告诉夫人，儒家的伟大处，是从道德责任感出发来讲生死，生则尽其在我，死则视死如归，故居恒夙夜强学以待问，怀忠信以待举，若生与仁义不可兼时，则杀身成仁舍生取义。同时，儒家承认鬼神之存在，人死幽冥相隔而精神相通。②德性生命上的超越与安顿，使得唐先生面对死亡威胁时可以更好地现实应对。

8月8日早上，唐先生即决定去台湾治疗，请研究所的赵潜同学代办手续，并致电在台湾的逯耀东同学安排一切。14日，唐先生夫妇去慈航净苑拜祖先父母。③17日，唐先生夫妇到律师楼立遗嘱。21日，在日记中自谓："二三年来我尝念人于死无所畏惧之道，在念对此世界而言，昔之圣贤豪杰吾之父母及先辈师长，皆无不离此世界而去，则我有何德当久存于斯世乎，每一念此，即于吾一生之生死觉洒然无惧矣。吾若欲求延其生之寿，亦只以有其他尚存之人之故而已，每念他们失去了我的悲哀，我实不忍离开爱我而尚存的人。"④次日，唐先生与夫人到台湾治病。

（二）直面癌症，积极治疗：第一次赴台湾治疗（106天）

1976年8月22日，唐先生与夫人自香港抵台北。此次在台湾的治疗一直到12月5日回香港，前后计106天。唐先生在台湾的106天治疗，按照病情确诊及治疗方式，大体可以分为几个阶段：8月22日至31日，是

---

①　唐君毅.日记.［M］//唐君毅全集（卷33）.北京：九州出版社，2016：309.

②　谢廷光.忆先夫唐君毅先生［M］//唐君毅全集（卷38）.纪念集（下）.北京：九州出版社，2016：484.

③　谢廷光.忆先夫唐君毅先生［M］//唐君毅全集（卷38）.纪念集（下）.北京：九州出版社，2016：484.

④　唐君毅.日记（下）.［M］//唐君毅全集（卷33）.北京：九州出版社，2016：309.

入院检查确诊病情；9月1日至9日，是确诊病情后准备手术及手术；9月10日至22日，为手术成功后医院观察治疗；9月23日至11月7日，是在医院进行放射治疗；11月8日至12月5日，则是出院在剑潭中心疗养。这106天的检查治疗，唐先生直面癌症、积极治疗，日记则全为"廷光代笔"。透过夫人代笔的日记，我们可以看到一幅儒者面对具有死亡威胁之疾病时的生命样态的画面。

入院检查确诊病情（1976.8.22—31）。唐先生住院的第一个星期，基本上是在非常频繁和辛苦的检查中度过的。唐先生知道自己的病严重，更是拼命地校对书稿，不盥洗，甚至早餐亦可不吃。28日，主任医师告知会诊结果，肺癌已经很严重，决定手术治疗，切除肺上的患部。

住院准备手术及手术（1976.9.1—9）。接下来的一个多星期，一方面是为了等主治医生，另一方面也是为了让唐先生的身体做好接受重大手术的准备，唐先生住在医院做相应练习。9月9日上午，唐先生入手术室，中午后卢大夫到病房告知唐夫人，唐先生治疗时间太晚，癌细胞已有转移现象，虽说应切除的地方均已切除，但担心的是，癌细胞常常远处转移，使人无法发现，所以待病人伤口好后还要做其他治疗。

手术后医院观察治疗（1976.9.10—22）。自手术后，唐先生完全不想吃东西，身体毫无力量，无力行深呼吸，痰吐不出来，后来只好用抽痰机抽痰。晚上亦睡不好，空虚难过，呼吸迫促。幸而这些现象，一日减轻一日，体力也渐渐恢复。医师告诉唐先生夫人，如此严重的病，有现在的情况，实在是很不容易，作钴六十治疗，是一种防备作用。

医院放射治疗（1976.9.23—11.7）。经过10余天的身体恢复与调节，唐先生的身体状况略有好转。从9月23日开始，唐先生开始接受长达一个半月非常辛苦的放射性治疗。这期间，唐先生同时进行牙科治疗。因为连续的放射治疗，唐先生感到胃口大不如前，不想吃东西，心情也比较差。直到11月5日，照最后一次钴六十，总共照27次。对于放射治疗的效果，唐先生和夫人也只是"听天任命"，谓"不知效果究竟如何"。

出院剑潭中心疗养（1976.11.8—12.5）。11月8日，唐先生办理出院手续。从8月22日入院到今日，唐先生在荣民医院住院治疗79天。承宋时选先生的美意，唐先生出院后入住剑潭青年活动中心疗养。因为手术后的身体虚弱，唐先生在疗养期间也还出现一些小的意外。11月24日，晚饭后唐先生起身离座时，不知何故跌倒地上。接下来几日，唐先生都因为此跌倒而腰疼，而且心情不好。到30日，唐先生的身体才恢复得较好。由此，开始计划返回香港。12月5日，唐先生和夫人告别台北返回香港。

应该说，唐先生这一次长达106天的检查、手术、放疗和疗养，是非常成功的。尽管在两个月之后的复查中发现了癌症的扩散与恶化，但是，因为唐先生肺癌发现时已经是晚期，能够通过手术和放疗解除了最直接的生命威胁，并通过中药调理恢复了基本的身体健康，已经算是效果显著。这期间，唐先生的积极配合和夫人的悉心照料，对唐先生的治疗与康复具有最为直接的现实生命意义。

当然，对于唐先生来说，身体生命永远不是生命的主体，"我们从来不曾为身体存在而求身体存在。我们只是凭借身体之存在，以成就我们之生活，与我们之精神之活动"。①因此，尽管到台湾是为了治疗身体上的癌症，但是，唐先生首先关注的仍然是自己的精神生命、德性生命。在台湾治疗期间，因为客观的治疗情势的需要，唐先生不可能有更多的精力、条件来从事其精神生命的创造，但是他却依然在这方面给我们做出了一位儒者可能做到的典范。

8月22日到达台湾办理入院手续后，唐先生23日即不断催夫人电话张洪瑜先生，要他尽快送书稿来校。24日午前，张先生送来《生命存在与心灵境界》一书的校稿，从此，每天除了医生吩咐应做的事外，唐先生即"付出所有时间，亦可以说付出他的生命校对他的书稿"。8月27日，在频频咳嗽并口吐鲜血的情况下，唐先生依然继续校对书稿，他左手拿着一叠草纸，接着一口一口的鲜血，右手拿着笔杆一心一意校对书

---

① 唐君毅.人生主体验续编：死生之说与幽明之际［M］//唐君毅全集（卷7）.北京：九州出版社，2016：86.

稿，还向夫人说："不要怕，我不觉有什么痛苦，我如不校对书稿，恐以后就无时校对了。"9月1日，当医生详细告知唐先生的病情及严重性后，唐先生夫人心情甚为沉重，但唐先生自己则全不畏惧，夫人感叹："不畏惧病与死，可能就是他抗病的精神力量。"从9月1日到8日，除了最基本的生存需要满足和安排相关事务外，唐先生都"一心一意在校对《生命存在与心灵境界》书稿"，甚至医生要求的深呼吸练习，他也不肯做。到9月8日，手术前一天，中秋节，《生命存在与心灵境界》一书已大体校完，完成了唐先生直面死亡威胁时最想完成的伟大工作。唐先生自谓，心愿已了，可以安心治病了。

依照儒家的理解，一个人的生命绝不只是"个体"生命，更是人伦的、社会的生命。个体的自然肉体生命是精神生命、社会生命的载体和工具。因此，一个完整生命的价值实现和意义呈现，一定包括其社会生命的协和与充实。而在个人的社会生命中，来自最亲密关系的亲人的关切，是个人社会生命充实协和的基础，而朋友的关爱则是其社会生命扩大充实的体现。唐先生既是一位德性生命极为自觉和高俊的大生命，也是一位社会生命极为充实与协和的大生命，这在他住院治疗期间对亲人、朋友的关心，及所得到的亲人朋友的关心上，得到充分的彰显。

唐先生带着身体的病痛及死亡的威胁来到台北，经过106天的治疗和疗养，不仅完成了自己最伟大著作的校对，实现了精神生命的圆满，聚会了大量各界朋友、学人、学生，实现了社会生命的充实和谐，而且在生理生命的疾病治疗上也达到了基本目的，可以带着感觉上的健康回到香港，回到自己当下的日常生活和工作中。

（三）间歇休息，身心调整：在香港家中养病（56天）

1976年12月5日，在经历了106天的治疗后，唐先生从台北回到香港的家中。

因为两个月后将再赴台湾做复查，因此在香港家中的两月，是唐先生经历大病治疗后难得的休养调整时期。但是，这种"调整"对于儒者唐先生来说，只是回归到他极为正常的工作和生活——上班、授课、读书、与朋友交往。这期间的日记是唐先生亲自所记，呈现的主要内容，无外乎工作、朋友探病和阅读。

除了日常的工作、交往外，唐先生的主要时间便用在阅读上，阅读仍然是他生命中最重要的事情。在短短的近两月的休息调整期，唐先生除了校对自己的著作外，主要阅读的是文学诗词类著作，兼及其他著述。从读书的数量和种类看，唐先生这两个月的阅读，几乎可以称得上是如饥似渴。12月6日至16日，花10天时间重新校对了即将付印的《生命存在与心灵境界》一书。18至21日，又花4天时间校对早期重要著作《人生之体验》重排本。之后阅读《宋人轶事汇编》《吴芳吉先生遗书》《石头记》《宋词选讲》《宋诗选讲》《智者语录》及其他杂书。

二、疾病加重与缓和治疗

在复查阶段被确诊病情恶化后，唐先生除了积极做好死亡准备外，对于疾病本身，则以缓和治疗为主。这是第二个时期。

（一）病情恶化，直视骄阳：再次赴台检查治疗（84天）

1977年2月1日，唐先生按照第一阶段治疗的要求到台北荣民医院复查治疗效果及病情。但是，检查发现，唐先生的病情恶化，不得不在台湾多待了一段时间。此次赴台治疗时间共84天，大体可以分为两个阶段：1977年2月1日至3月1日，是复查并最后确诊结果；3月2日至4月25日，是在台湾休养及进行保守治疗。

2月1日，唐先生夫妇从香港到台湾。接下来的一周时间，几乎每日都做检查，抽血、照X光、做心电图、注射疫苗、做肝脏检查。到2月

10日，因为各种检查都已经做过，唐先生和夫人很想知道检查结果，但卢大夫总说，各方报告尚未收齐，实则是隐瞒病情希望唐先生可以快乐地度过春节。3月1日，农历正月十二，主治医生告知，唐先生病情恶化，治愈希望甚微，生命最多可有三个月，而且痛苦很大。医生希望唐先生留在台湾治疗，他们会尽量减轻唐先生的痛苦。作为一位内心真诚的儒者，唐先生就如他在《病里乾坤》中所强调的一样，在面对"天命"时放下自己的傲慢心，绝不"贪天之功以为己力"，而自认为"天从吾愿"，也不"怨天尤人"而将自己所得疾病归之于"命运不公"；而是真真切切地接受"天命"，直面现实，"直视骄阳"。

1. 调整心情，接受现实

自得到病情检查结果恶化后，唐先生夫人给女儿安仁写了一封信，感叹"真是有苦难言"。唐先生连续两晚，每到午夜即说梦话。唐先生夫人"很清楚地听见他在与已死的人和尚在的人讲话，俨如死去的人就在我们房中"，感到毛骨悚然。按照唐先生夫人的理解，大概唐先生是在"怀念值得他怀念的人"。尽管如此，早上起来，还是打起精神，面对现实，开始静坐。考虑到唐先生近年来特喜读佛书，晚睡时，夫人将两本佛经放在了唐先生的床前柜上。3月4日，是正月十五上元佳日，唐先生特地对夫人正式谈了他对自己疾病的想法。唐先生谓，"昨夜想了很久，他的病是不会好的，不过他相信他还可以拖一段时间，他希望在台能有一小屋，自己有屋，就可以少麻烦人，台湾是自己的国土，死亦应当死在这里，又说我们应买一块墓地，不必太大，只要能葬我二人就够了，我们生在一起，死亦要在一起"。唐先生并要夫人与弟妹写信，不要写得太严重，徒增远念。夫人听后情绪激动，满怀辛酸，愁肠欲断，只点头表示同意，并把当天的报纸放在唐先生手中，希望转移一下激动的情绪。午后，即顺唐先生之意，徐志强陪唐先生夫妇出外看了几处较为便宜的房子。不过，后来因为到屏东看中医，买房子的事就放下来了；而由于唐先生的病情在吃中药调养后逐渐稳定，并回到香港工作、生活，在台湾买一块墓地的想法也暂时没有去落实。但唐先生这个愿望也算是一份

"后事交代"，在他去世后最终也得以实现。

2.积极心态，中医治疗

在得知唐先生病情恶化后，学生徐志强就积极打听台湾有名的中医师，得知屏东有一位邱开逢中医师，曾治愈不少癌疾病人，便积极主张唐先生去屏东看病。诚如唐先生夫人所言，既然西医绝望，自当回头求救于中医中药。唐先生接受了这一建议。3月7日，徐志强陪同赴屏东。8日开始服用邱医生的中药，每日两剂。到3月10日，唐先生基本可以入眠休息，心情也较好。由于要服邱医生的药，唐先生即停服了原来一直坚持的白药及新竹工业研究院所制的中成药，12日夫妇商议决定，又一并服用，希望能够"加强治疗效果"。至16日，唐先生感到身上痛的地方范围缩小了。唐先生此时一面服张礼文先生培元的药方，一面服邱医师的抗癌秘方，张礼文医生的药对他气喘有效，邱医生的药已控制了他身上的疼痛。另外还兼服用张锦得、圆林宁先生的药，以及白药，相辅相成，唐先生痛感亦有所降低，颇见成效。3月25日，宋时选先生来看望，说唐先生气色好，健康有进步。唐先生略述此次赴屏东治病的经过，并谓，"身体发肤受之父母，有病应当尽心治疗，实不可治，于心亦安"。

3.各界慰问，安顿心灵

自唐先生复查发现病情恶化继续留台湾以中医保守治疗后，各方朋友不断来看望。这些朋友的安慰和陪伴，给予唐先生夫妇极大心理安慰。4月8日，唐端正由香港来看望唐先生，并带来其他在香港学生的问候，唐先生甚是开心。10日，唐先生约请台湾新儒家青年才俊曾昭旭、王邦雄、袁保新、吴贻、潘柏世、庄秀珍等鹅湖诸君子与唐端正相会，恰好台湾大学的同学朱健民、李淳玲、胡以娴、何淑静、尤惠贞也来看望唐先生，大家聚在一起，开了一个"盛会"，可算新儒家后辈唐、牟弟子的一次大聚会。聚会中，唐先生说话很多，大家都兴奋地听唐先生说，等于上了一课。中午，唐先生在餐厅准备了一桌饭菜，邀大家入席。11日，唐先生还专门陪同唐端正访孔庙，参拜先贤，购朱子字赠唐端正，与唐端正谈学论道，直至下午4时，唐端正离台返港。

4.病情稳定，返回香港

从3月8日开始，唐先生服用邱医生的药，至少平均每日服一剂，已服四十多剂。唐先生谓，邱医生药对他最有效。由于唐先生在服用中药后病情趋于稳定，身体状况也得到恢复，便决定回香港。4月25日晚，唐先生夫妇同李国钧返香港。

（二）病情稳定，忘我工作：在香港的休养与工作（242天）

被医生视为只有不到三个月生命时间的唐先生，经过直面现实的心理调整和积极的中药保守治疗，不仅突破了"三个月"的魔咒，而且身体有了明显的恢复。唐先生既然强调"身心呼应"，人生不留任何遗憾；那么，"三个月"后的生命时间，便必然投入到新的心灵召唤之中，去做他认为最应该做的事情，而不是被疾病和死亡所操控。从1977年4月26日回到香港，到12月23日癌症复发住进医院，唐先生又"健康地"生活了242天，这"多出来"的8个月生命时间，便是唐先生用他的"心灵志愿"和精神力量从死神那里自己抢过来的。在这8个月里，除了第一个月多有朋友来访而必须应酬外，唐先生的生活内容就像他的整个生命历程一样，主要便是工作与阅读，犹如疾病和死亡都与他无关一样。基本模式就是，上午到研究所办公、上课，下午休息、阅读，或者偶尔接待客人。

1.阅读成就生命

这8个月的阅读，除了最初和中途个别时候读杂书、杂志或其他书籍外，基本以读佛教书籍为主。包括欧阳竟无先生《释教》，宋代赜藏《古尊宿语录》凡四十八卷，沈介山所译《佛教与基督教之比较》，吴经熊《禅学的黄金时代》《宗密答斐休问禅门师资承袭图》，南怀谨《禅海蠡测》，张钟元所译《传灯录》，永明《万善同归集》，Barnett编的《Suzuki选集》，Suzuki的《Zen Buddhism》（《禅学论集》）第一、二、三集、李世杰所译Suzuki《禅佛入门》，隋代慧远《大乘义章》凡十四卷，窥基《法苑义林》及慧诏《法苑义林章补阙》，Suzuki的《Outline of Mahayana Buddlism》，牟宗三先生《佛性与般若》，宋代了然著《大乘止观法门宗圆记》五卷。

2.工作升华生命

唐先生自返回香港后，不停地见客、回信、办公、上课及处理种种事情。9月5日，新亚研究所开学，唐先生仍坚持开两门课程，一为《中国哲学问题》，二为《中国经典导读》，每周上课三次，每次两小时。为了克服病痛和气喘，唐先生还发明了爬上四楼不伤气的方法，便是绕"之"字形行走，上一层楼梯后，步行到楼层另一头再上楼梯。上课时，唐先生咳嗽不时发作，步履不稳，显示健康一天不如一天。同学们都为唐先生身体担忧，劝他停课休息，但唐先生坚决拒绝，一个星期又一个星期，从未缺席。由经学史、学记、冠义、婚义、乡饮酒义，至学期终结为止。

3.疾病耗损生命

在唐先生于家里养病、工作的这八个月期间，前半段，身体状况基本良好，未发生大的问题。从日记看，5月下旬出现了一次腰部发斑疹，8月下旬有几天失眠。但是，到9月下旬出现了病情发作和加剧的情形。9月25日言"在家休息，咳嗽已三周矣"。10月15日，唐先生决定到郭少棠的父亲郭医生处看病，之后近两月几乎每周一次到郭医生处看病，直至12月10日。但是，在郭医生处的看病治疗，并没有缓解病情，至12月11日"咳嗽加剧"。12月23日，唐先生便到另外一位中医黄汉卓医生处看病，黄医生建议，应该住院做详细检查。次日，唐先生罹患肺癌后第三次入院治疗，被确诊为癌症转移复发，唐先生的肉体生命没能够扛住病菌的侵袭，进入最后的临终阶段。

三、疾病复发与安宁病逝

唐先生生命的最后阶段40天，即第三个时期。因为两次短期住院治疗，自然分为四个小阶段：病重入香港圣德肋撒医院治疗（1977.12.24—1978.1.1，9天）；在家治疗、休养与工作（1978.1.2—19，18天）；病危入香港浸信会医院治疗（1978.1.20—26，7天）；在家临终及逝世（1978.1.27—2.2，7天）。在由这四个小阶段构成的临终日子里，唐先生依然秉持他的生死哲学信念，做当下最该做的事情，让人生没有遗憾。

（一）癌症复发，临终关怀：在香港病重的治疗与修养（33天）

1.入香港圣德肋撒医院检查治疗（1977.12.24—1978.1.1，9天）

12月24日，午后关展文先生送唐先生夫妇入医院检查，随即做检查如心电图及照X光等。医生谓此种情形是肺炎的成分多，但须治疗数日才能断定究为何病。12月31日，唐先生再次拍摄X光检查肺部。晚上医生来告诉，不是肺炎，仍是瘤肿，并主张唐先生去台湾请原来的主治医生治疗比较好。医生的这一"结论"，使唐先生夫妇"几日所抱的希望全部幻灭了"。当夜，唐先生夫妇就在医院中相依为命、相互安慰，默默地度过。次日，便从医院返家。在医院9天，即使已经病入膏肓，唐先生也没有丢下他手里的工作，依然做他当下该做的事情，校对完即将再版的《中国文化之精神价值》全书。

2.在家治疗、休养与工作（1978.1.2—19，18天）

1978年1月1日，唐先生夫妇接受了癌症复发这一严峻现实，也没有再打算去台湾做"过度"治疗，上午即自医院返家，继续做自己认为当下最该做的事情。

（1）回复友朋书信。从1月2日开始，唐先生先后给刘文潭、周开庆、王家琦、吴士选、王家琦、冯爱群、陈启恩、伍廉伯、二妹、六妹、黎元誉、柯树屏等信函。只是很可惜，这些唐先生于生命最后阶段的书信并未能够全部收入《唐君毅全集》的《书简》之中。

（2）撰写《中国文化之精神价值》第十版序。1月14日，唐先生为其重要著作《中国文化之精神价值》一书拟改的新版写一短序。这应该是唐先生生前写的最后一篇学术性的文字，是一篇极为重要的"序"。其中不仅明确标示出该书在唐先生自己心目中的独特价值，而且以此为基础对自己的学术著作做了分类，并将自己不同阶段的重要著作都与本书建立起内在的义理关系，以此彰显本书之于唐先生思想学术的独特意义。

（3）阅读《圆觉经》。从医院回到家中，唐先生依然无法改变他坚持终身的阅读"习气"，读书仍然是他最重要的精神生命之寄托。从1月2日到1月19日，唐先生除了2日阅《禅学论文集》外，其余时间几乎每日都在阅《圆觉经》和宗密的《圆觉经疏抄》，这也是唐先生生前最后的阅读内容。从2日到10日，《圆觉经疏抄》前四卷大体读完，并声言"以后者不拟看"。但是，14日、15日阅《圆觉经》，之后又继续读《圆觉经疏抄》第五卷，至19日生前最后一次入医院前一天，阅完卷五。

（4）上课到最后时刻。1月9日，新亚研究所开课。尽管身体已经非常虚弱，但唐先生坚持仍去办公和上课，只是将上课和办公地点由四楼改为二楼图书馆。1月18日，唐先生咳嗽严重，觉得气不顺畅，但仍去了学校，上课两小时。这是唐先生生前上的最后一堂课。

（5）身体总是被最后照顾。因为是癌症复发，在家养病期间，唐先生的主要精力基本没有放在身体和疾病上，但并不是完全置之不理。为了让唐先生在家养病稍微舒适一些，唐先生夫人为唐先生买一安乐椅和氧气筒。

3. 入香港浸信会医院检查治疗（1978.1.20—26，7天）

1月20日，唐先生咳嗽更加厉害，由学生和夫人送曾鉴泉医生处检查。医生做了心电图检查后即说，唐先生应当住院，留在家中不大好。午后即由赵潜送唐先生夫妇入浸信会医院，马上即进行各项检查。1月23日，医生告知，检查结果不令人满意。专家一致认为，肺上影子是癌肿，且癌细胞已侵入淋巴腺，血液沉淀度数很高；并认为，唯一的办法就是试用抗癌素针，但后果不能预断。唐先生很了解自己的病况，唯有接受医生的办法，听天由命，次日即注射抗癌素针。医生告知唐先生夫人，唐先生病愈的希望甚微，希望夫人应当有所准备。1月26日，感觉到自己身体快被癌症导致的咳嗽、气喘折磨得难以承受，唐先生提出回家休养。医生同意病人回家休养，只须定期到他的诊所接受注射即可。当日即从医院回家。

（二）临终在家，君子息焉：居家善终的死亡准备（7天）

唐先生生前的最后一个星期，是在家度过的。这一周，在忍受身体疾病折磨的同时，唐先生为自己的死亡做好了最后的身体、心理、灵性精神以及社会生命上的准备。

1.自然生命的安顿

1月29日，可能因为打针的反应，唐先生胃口不开，咳嗽哮喘仍旧，并且感到气闷。唐先生自己感到"身体上下不相连"。唐先生的身体已经到了极限。这种情形下，不能再去注射抗癌针了。医生同意暂时停止注射，但告知，如果针药不能控制癌细胞发展，恶化下去，心脏受压迫，病人随时都有发生意外的可能。1月31日，唐先生请夫人为自己理发，并自行洗头、洗澡。唐先生或许是要遵循先儒的精神，"身体发肤不敢毁伤"，必须以干净轻松的身体向自己的祖先报到。

2.社会生命的交代

1月28日，唐先生复二妹六妹信，报告自己病情，并复贺年片。这是给大陆亲人最后的交代。2月1日，与王家琦一函，这是唐先生生前写的最后一封信，当日，唐先生日记记下了这件事"与王家琦一函"。这也是唐先生日记写下的最后几个字。2月1日中午，赵潜同学到寓所请唐先生签署几项重要文件，唐先生首先交待几件事情，请赵潜返回研究所后即刻办理："（一）将研究所最近出版之书（包括唐师之书在内），捡出两套，分别寄台北钱宾四师与美国余英时学长。（二）唐师最近接一捷克哲学家来信，请求唐师赠近作，故嘱我将最近几年研究所出版有关哲学的书，每种寄一册并须挂号（来信再三叮嘱）并且附上一函。（三）报载大陆已经恢复孔夫子地位，这是一个值得高兴鼓舞的消息，唐师嘱我将其近作，捡出两套，分别寄赠北京大学图书馆、南京大学图书馆，并且要我附上一封信，说明作者原是北大、南大（原中央大学）的学生，离校已经数十年了，并无寸进愧对母校，现特将近作数册赠母校图书馆，借作纪念等语。（四）明天研究所新年团聚，今年特别请了几位先生的太太，同时又是酬谢《新亚学报》《中国学人》的编者与作者，我们的菜式，应该要稍为丰富一点，座位也要稍宽敞一些，不要太寒酸。"①

3.灵性生命的安顿

2月1日，再过两天便是农历十二月二十六日，是唐先生70寿辰。当天下午，唐先生向夫人忆述三位前辈的事迹：对中国文化充满无私悲悯的美国人William Hockeng，有儒者风度的日本前辈宇野哲人，对自己极尽关怀爱护的梁漱溟。说到动情处，唐先生情不自禁就哭了起来。唐先生夫人回忆道：

"首先你谈William Hockeng老先生，你说你1956年应美国国务院邀请访问，老哲学家远道来访你，见面就说知道有一东方哲人来美，特来相见，希望能解决他心中一直困扰的问题。你说老人说话时热泪盈眶，令人感动，你无法解答他的问题，你只说去信可以，但结果如何就很难说。你叙述至此，你为老人的无私心悲悯心难过不已。你说人类的无私心悲悯心是最高的道德感情，没有国别种族界限的。

其次你谈到日本前辈宇野哲人老先生，你说是一位有儒者风度的老人。十多年前你到日本特踵门拜候，见到中国伦常之礼，充分地表现在他家中。雍雍穆穆的气氛，使人生敬，但我们的国家礼乐之教，大家已不注意了。你唏嘘慨叹，你聊以自慰地说，只要能保存于天下，什么地方都是一样的。你又说宇野哲人老先生相貌与你父亲相似，你情不自禁就哭起来了。

最后提到梁漱溟老先生，梁先生是你父执辈，你17岁去北京读书，当时梁先生亦在北大教书，以办文化事业需筹经费，故作公开讲演连续5次，每次收费大洋1元。开始两次你去了，后来经不起左派同学对梁先生的攻击，第三次讲演你就未去参加。梁先生以为你无钱买门票，特要

---

① 赵潜.纪念集（上）：哲人风范永留人间——敬悼君毅师［M］//唐君毅全集（卷37）.北京：九州出版社，2016：301–302；唐君毅全集（卷30）.纪念集，第376–377页。

人转送5元大洋给你，你想着前辈对后辈这种关怀爱护之情，你又感动又伤心。你说这些事情常在你心中，你要一一写成文章，才对得起这些古道热肠的前辈。"[1]

4.安详离世得善终

2月2日凌晨三时半，唐先生咳嗽气喘，不能安睡。用氧气筒后，虽然好些，但毫无睡意，乃与夫人讨论静坐之法。夫人谓，有时静不下来，便观想圣哲之像。唐先生谓，此时观佛像最好，因佛像俯视，静穆慈祥，不使人起念；孔子像远视前方，使人有栖栖惶惶，时不我予之感；耶稣像在苦难中，更使人不安。稍后，夫人在昏沉中入梦。凌晨五时半，唐先生突然气喘大作，自言不行了，夫人给氧气筒，亦不肯使用，直奔客厅坐在椅上。唐夫人让金妈陪着唐先生，急电医生求救，并电话李国钧夫妇过来帮忙。就在两个电话之间，唐先生一时接不上气，已瞑目不动，对夫人无数声的呼唤，均无反应。医生谓，唐先生这样安静地过去是幸福，否则来日的痛苦是求生不得，求死不能。[2]时为公元1978年2月2日，丁巳年十二月二十五日。若依公历计算，唐先生已度过70寿辰（1月17日），享年70岁；若依农历计算，则唐先生还差一日（十二月二十六日）才满70岁。

四、死亡准备的生死智慧

唐先生的去世，在香港和台湾各界引起了巨大反响，悼念和纪念文

---

[1]　谢廷光.纪念集（下）：忆先夫唐君毅先生［M］//唐君毅全集（卷38）.北京：九州出版社，2016：513-514.

[2]　谢廷光.纪念集（下）：忆先夫唐君毅先生［M］//唐君毅全集（卷38）.北京：九州出版社，2016：514.

章之多甚至被誉为"唐君毅现象"。1978年2月12日，在香港九龙世界殡仪馆举行唐先生大殓，牟宗三先生报告唐先生生平，徐复观先生撰写唐先生生平事略。是日，苦雨凄风，吊祭者有新闻界、文化界、教育界及各界人士二千余人，社团数十。"其中不仅是唐教授的亲友和他的学生，还有社会各界阶层人士，也有和他素不相识而敬慕他的人格和言论的社会青年。还有佛门的僧尼。"①挽联花圈，挤满礼堂。2月17日，唐先生的夫人和女儿到台北为唐先生在观音山山腰地方朝阳墓园购买墓地。3月11日，由李国钧、孙国栋、唐端正、赵潜、李杜、苏庆彬、逯耀东、霍韬晦诸同学护送唐先生灵柩赴台湾落葬台北观音山朝阳墓园。3月12日，唐先生灵柩抵台后，由台湾当局"教育部"主持在台湾大学法学院礼堂开追悼会。蒋经国先生亲临吊唁，并赠"痛怀硕学"挽额。3月13日，农历戊午年二月初五，唐先生大葬之期。是日，风雨如晦，但冒雨送葬者络绎于途，其中很多人，只读过唐先生的书，素不相识。唐先生的灵柩落葬于台北市观音山朝阳墓园的一块墓地，实现了唐先生归葬台湾的遗愿。一位为中国文化、人类理想而劳瘁一生的大儒，除其智慧容光、性情事业长留人间外，其为人间承受种种痛苦的生命，至此乃得到永恒的安息。唐先生的安葬地，俯瞰淡水河，面对七星山，视野开廓，有山有水，形势景观都很好。

　　人皆有死，这是一个基本的生命学、生死学真理。因为，死亡是人生的唯一"目的地"。甚至我们可以说，人的一生，就是在为自己的死亡做准备，以便让自己可以"死而无憾"。不过，通常生死学意义上的"死亡准备"，并不是这样一个哲学意义上的让"死而无憾"的"准备"，而是面对即将到来的生命终点时的"生命作为"。从这个意义上说，作为一位儒者，唐先生在从被诊断罹患癌症到最后去世这一年多的生命作为，就具有十分独特的生死学、生命学意义上的生命意义。

---

　　① 吴俊升.纪念集（上）：唐君毅教授与香港告别了［M］//唐君毅全集（卷37）.北京：九州出版社，2016：40.

（一）先行到死的生命自觉

说到关于直面绝症与死亡的理论，人们最常提到的便是库伯勒·罗斯的"哀伤五阶段"理论，这一理论甚至成为了现代临终关怀的理论标准。按照库布勒·罗斯1969年出版的《死亡与临终》一书中提出的模型，临终的病人常常会经历五个情绪阶段：否认、愤怒、讨价还价、抑郁和接受。（1）否认期。当病人直接或间接听到自己可能死亡时，病人第一反应就是否认，他们会说，"不可能""我不会死""他们肯定搞错了"。这时病人心理就是想尽一切办法努力否认有可能死亡的诊断信息，他们到处找医生，总是希望通过第二、第三、第四个医院的诊断来否认自己得了绝症。这时，病人往往要向你诉说各种情况，认为可能是医生错误的诊断，他们企图逃避死亡这一现象，表现心神不定。（2）愤怒期。当病人经过短暂的否认期，确实了解到自己不可能治愈时，自然地产生一种愤怒情绪，"为什么不幸要落在我的身上""苍天待人太不公平"。于是就产生愤怒、狂想、怨恨、嫉妒的情绪，常常发泄在医生、护士和自己亲人身上，甚至训斥、谩骂、不配合治疗。（3）协议期。其心理特点由愤怒转入讨价还价，并且提出一些相应的要求。他们会说，"为什么是我""为什么现在发生""能不能延长几年"。病人的这种心理特点，常常是暗自进行的，如果不仔细观察往往会被忽视。（4）绝望期。病人协议要求过去了，感到自己日益接近死亡，心情明显忧郁，深沉和悲哀，有时流泪，有时沉默不语，考虑后事，有时情绪焦虑。一切努力都无济于事时，便陷入消沉、冷淡、沉思、忧愁、抑郁。（5）接受期。在经历一段时间的忧郁后，病人的心情得到了抒发，要办的事已办完，病人的心情可能稍微平静下来，无可奈何地听从命运安排。他们在事实上已接受死亡了，并且变得昏昏欲睡，疲倦、衰弱、孤独，逐步走向死亡。

对照唐先生从得知罹患癌症到最后去世的经历和日记记载的情绪表达来看，罗斯的这一"哀伤五阶段"理论就显得非常缺乏说服力。因为，唐先生似乎并未经历明显的"否认期""愤怒期"，也许有内心的挣扎并且如罗斯所描述的"协议期"与"绝望期"的某些情绪反应，但我们从唐先生的生命行为中更为直观地看到的是，他似乎是很快就直接进入了"接受期"——以相对平静的心情去办完要办的事，然后即听从命运的安排。比如，得知病情后，先是祭拜祖宗父母，然后与夫人去预立遗嘱；第一时间打电话给学生书局让尽快排版《生命存在与心灵境界》，到台湾入院检查治疗时，抓紧时间以全副生命在手术前一天完成《生命存在与心灵境界》的校对；然后以轻松平静的心情接受癌症手术。又比如，当第二次赴台湾复查时发现癌症复发，被医生告知只有不足三月的生存期，唐先生的决定是，一方面要在台湾买一块墓地，另一方面接受学生和朋友的建议在台湾寻求中医保守治疗。又比如，在最后一次入院检查后，发现是肺癌转移复发并无特效治疗手段后，唐先生选择了回家休养。

　　唐先生何以可以这样"超然"地对待自己的死亡呢？这与他作为一位自觉的生死哲学家对生死、疾病有"先行"的理性思考密切相关，也与他作为一位大儒所坚守的核心信念密切相关。一方面，唐先生是一位非常早慧的思想家，十几岁就开始思考死亡问题，并且将生死问题视为自己思考的核心问题，在不同阶段都有比较深入的理论思考，我们在早期的《人生之体验》，中期的《人生之体验续编》，晚期的《生命存在与心灵境界》等著作中，都可以看到唐先生的相关思考和理论探讨，甚至对于疾病也有在罹患目疾后的《病里乾坤》中的深入思考与讨论。对于这样一位已经不断"先行到死中去"的思想家来说，死亡是随时都在与自己"照面"。因此，当真实的死亡到来之时，他不至于因为"不了解"而恐慌、否认、拒绝。另一方面，作为一位信奉儒家思想与生活的大儒，相信天命，相信鬼神，相信祖宗与自己的生命的内在连接，相信"未知生焉知死"的生死大道，因此，他的主要用心是在当下生活中做最该做的事情，时刻为死亡做好准备；同时，因为死亡并非"空无"，而是可以幽冥感通，所以死亡本身并不是生命的消失，而只是生命的暂终，所以并不可怕。

（二）道德自觉的生命超越

由于唐先生有"先行到死中去"的生命自觉，因此，他将自己的生命全副用在当下该做的事情上，而不是用在思考和恐惧死亡和疾病本身上，并以此实现了以道德自觉为基础的生命超越，让自己的生命在任何时候都不留遗憾，任何时候都可以"死而无憾"。

做一个如儒家圣贤一样的真正的人，是唐先生很早就有的志向。他曾自言"吾年十四五时，即已有为学以希贤希圣之志"。①这样一种"希贤希圣之志"所确立的人格理想是什么呢？二十多岁的唐先生在其《柏溪随笔》中这样写道："一个伟大的人格，任何小事都可以撼动他的全生命。好比一无涯的大海中，一小石落下也可以撼动全海的波涛。一个伟大的人格，任何巨大的刺激，他都可使它平静。好比在一无涯的大海里，纵然是火山的爆裂，也可随着来往的波涛而平静！"②很显然，在唐先生看来，圣贤的人格是真性情的、伟岸高卓的。伟岸高卓的人格是可以大中见小、小中见大、大小圆融、天人合一的。

当然，在"希贤希圣"的人生旅途中，唐先生也有过诸多艰难、困顿。但是，这些艰难困顿没有成为他放弃希贤希圣的理由，恰恰成为他历练自己生命、提升自己人格的动力。为了安顿自己的生命，他将文学、哲学、宗教等各种中西方人文思想作为自己学习、思考、反省的对象，并结合自己的生命体验，试图用文字来表达自己对生命、人生的理解，由此成就其早年的《人生之路》十部曲，特别是《人生之体验》《道德自我之建立》两书。在这两本书中，唐先生建构起自己终身坚守的生命意识、生命信仰：一念翻转做当下该做的，过道德的生活。在唐先生看来，只要我们"当下自我一念自觉"，我们便可以由"自然的生活"进入"道德的生活"。因为我们之所以不能进入"道德的生活"，根本原因只在于我们陷溺于"现实的自我"，被我们自己过去所流传下来的盲目势

---

① 唐君毅.病里乾坤：生世［M］//唐先生全集（卷7），北京：九州出版社，2016：3.
② 唐君毅.柏溪随笔之一［M］//唐君毅全集（卷1），北京：九州出版社，2016：111.

力如本能、冲动、欲望等支配。所以，我们要完成自己的"道德自我"进入"道德的生活"，唯一的方法就是让自己摆脱本能、冲动、欲望的支配。我们"一念"至此，便当对自己下命令并遵循自己"道德自我"的命令去摆脱它们。这种"道德的生活"无他，就是将人生实践回归到我们自己"心"本身的当下"自觉"上，"自觉"的做我们当下的"心"觉得"该做的"。唐先生强调："人生之目的，唯在做你所认为该做者，这是指导你生活之最高原理。"①

这一"做当下该做的""过道德的生活"的最高人生原理，也是指导唐先生"死亡准备"的最根本原理。正因为有这一原理的坚信，所以唐先生可以坦然面对疾病的痛苦和死亡的威胁，而唯一可能会让自己不安的，便只是是否做了当下最该做的。因此，当他认为，当下最该做的是保证自己在死亡到来前完成《生命存在与心灵境界》的校对，他就不顾疾病带来的剧烈痛苦，一手拿着纸巾擦口吐的鲜血，一手却在校对书稿；当他认为，当下最该做的是完成自己应该给学生的上课，他就可以不顾气喘和咳嗽而照例给学生大声讲课；当他认为，当下最该做的是回家休养静待天命，他就离开医院回家休息、看书和工作。当他做了所有当下之心告诉他该做的一切事情后，死亡的来临对他来说，就只是一个"当下"的生命事件，他完全可以从容接受，并进入下一个生命历程。对唐先生来说，疾病和死亡只是提醒他当下应该做什么事的一个生命事件，而不是操控他生命行为的"重大事件"，他已经完全超越了当下疾病和死亡对他的生命"掌控"。

（三）宗教变道的生命安顿

唐先生最后一年不管是在重病住院治疗期间还是在家休养和工作期间，阅读始终还是他"习以为常"的日常生命行为，甚至如他自己所说的"习气"。只不过，这一阶段的阅读呈现两个明显特征，一是阅读不再

---

① 唐君毅.道德自我之建立：道德之实践.[M]//唐君毅全集（卷4），北京：九州出版社，2016：27-28.

是为了研究和写作，而只是安顿当下心灵的纯粹阅读；二是阅读内容上偏重佛教和佛学。在台湾住院治疗期间，唐先生夫人即言，唐先生近日喜读佛教书籍，所以特别在床头给摆上两本佛经供唐先生阅读。在回香港家中休养、工作的9个多月时间里，尽管也偶尔读"杂书"，也读西方学者送他的哲学著作，但主要阅读的是佛学和佛教著作，尤其是禅宗的语录和经典。在最后一段相对"健康"的日子里，唐先生所读的是《圆觉经》和《圆觉经疏抄》。

作为一位大儒，唐先生为什么在最后直面死亡的岁月里以读佛教和佛学书籍为主呢？这与唐先生自己对宗教的态度以及生命的常道、变道的理解密切相关。

生死问题历来似乎都是宗教的核心问题，大多数哲学家也不将生死问题作为自己思考和研究的对象，好像这个问题"本来"就应该属于宗教一样。唐先生是哲学家、思想家，而不是宗教家，更不是宗教信徒，但是，其生死哲学的建构，却具有强烈的宗教"味道"。在唐先生看来，不管是基督教还是佛教，抑或其他人间宗教，都不如儒家圆融、高明、广大、悠久。因此，一方面，他将各种主要宗教文化的超越性信仰涵摄于其思想体系中，将基督教、佛教作为"归向一神境""我法二空境"列入"超主客观"的生命境界；另一方面，他又强调，宗教的超越性信仰只能够居于"阴位"，只能够在"消极意义"上发挥作用，只能是人之现实生活处于"变道"之时的应变之策，而不能将其居于"阳位"，在"积极意义"上作为生活之"常道"应用。

当一个人遭遇生活的"变道"，感觉到自己的生命力量渺小而无可奈何时，基督教通过设定和召唤一个无所不能、无所不善、无所不知的上帝，个人凭借观想、思慕、崇拜"上帝"的全能大德以扫除一己生命力量的渺小感；佛教则教人明白，一切皆由人自己的贪瞋痴慢等妄执引起，只要知世间万法皆为虚妄，本性即空，就可以有智慧破除生命力量的渺小感。唐先生认为，尽管基督教与佛教都提出了助人破除生命力量渺小感的方法，也有其合理的地方，但是他更加强调，依中国传统圣哲之教，人有心而能反躬自察，只要反躬自察即可发现自己的"好善恶恶之情"，此"好善恶恶之情"是人之"性"，将此"性"充内形外，即成德业事业；因此，对于自感生命力量渺小者，不必先教他相信有一全知全能的上帝会助他成就理想，由此破除自我渺小感；也不必先教他遍观世上一切不合理事都出于人之妄执，教他生智慧而破渺小感；而是可以直接将中国传统的相关思想扩大，依其核心之义融会二教。唐先生是要以儒家的尽性立命涵摄基督教和佛教的"超越信仰"，将宗教的超越信仰置于生命存在的"阴"的一面，而将儒家性情之教置于生命存在的"阳"的一面。不过，当一个人的生命遭遇巨大的现实困境，当下无力直接以直通性情的"阳"的方式应对时，在短时间或者过渡时间，以"超越信仰"的"阴"的方式借助"外力"增加个体生命面对当下困境的力量，在唐先生的理论系统中是被允许和成立的。面对死亡的威胁和疾病带来的巨大身体痛苦，当然不是生命存在的"常道"和阳面，而是生命存在的"变道"和阴面；当此之时，通过阅读佛教强化自己的精神力，甚至如唐先生临终前给夫人所言，通过观佛像来凝聚自己的生命力，是最切己的"变通之道"，因为佛像俯视，静穆慈祥，不使人起念；孔子像远视前方，使人有栖栖惶惶，时不我予之感；耶稣像在苦难中，更使人不安。

（四）居家临终的生命善终

"善终"在学术意义上被界定为"尊严死亡"，日常话语中也叫作"好死"或"优死"，是中国古人所企求的五种幸福之一，被视为完美人生的必要组成部分。《尚书·洪范》谓"五福"是"一曰寿，二曰富，三曰康宁，四曰攸好德，五曰考终命"。"考终命"即是"善终"。在现代医学技术非常发达的情境下，死亡往往不掌握在个体生命自己手里，而是取决于医院、医疗和医生，因此，对于现代意义上的"善终"即"尊严死亡"的追求，对由生到死的"死亡过程"的研究和讨论，已经成为一门大学问，不仅在纯粹学术意义上有"死亡学""生死学"等，在医学、护理学层面也有了"临终关怀""安宁疗护"等专门学问。将西方"死亡学"和中国传统的生死哲学智慧相融合而创立华人社会"生死学"概念的台湾著名生死学者傅伟勋先生，曾经从理想条件和起码条件两个方面来理解死亡的尊严或者说现代意义上的"善终"，"就理想条件而言，我们都希望能够避免恐惧、悲叹、绝望等负面精神状态，能够死得自然，没有痛苦。……就起码条件而言，……至少能够依照本人（或本人所信任的亲属友朋）的意愿，死得'像个样子'，无苦无乐，心平气和"。①这样的死亡不但能让终末期病人可以平静地安排自己人生宝贵的最后时光，而且也可以因此减轻生者的悲痛，不至于为死者的死亡而痛不欲生。

但是，在"现代医学情境"下，因为医疗技术的发展和医学本身的异化，终末期病人往往遭遇着失去"死亡尊严"的尴尬处境，人们似乎越来越得不到"善终"。王云岭教授在《现代医学与尊严死亡》中指出，伴随各种"生命维持疗法"如人工呼吸装置、起搏器、鼻饲或静脉营养装置、透析仪、心血管药物等的应用，现代社会中的终末期病人常常处于这样的生存状态——身上插满管子，身体极度衰弱，床头的心电、脑电监视仪器时刻向医护人员报告着他的生理指标，鼻饲管供应着他赖以为生的营养，呼吸机给他提供着氧气；他不能活动，哪怕一个微小的翻身动作也不可能；周围没有亲人陪伴，除非在很短的时间里得到医院的特许。这就是所谓的"ICU病人形象"②。很多人这样孤独地死去，而这正是多数身处现代工业社会的人们的死亡群像。针对现代医学情境下个人死亡的无尊严现状，王云岭认为，在现代医学情境下，"优死"或者说"善终""好死"，最为主要的内涵有两个：一是死亡时刻没有痛苦；二是死亡之前未曾受病痛折磨，特别是长期的病痛折磨。如果可以更进一步界定死亡过程中的尊严问题，则可以说，"一种死亡被视为优死，首先，意味着这种死亡是没有痛苦的，包括没有身体的疼痛以及精神的恐惧和压力。其次，意味着在这种死亡中，主体经历了精神的内在成长，这包括面对死亡的态度与选择死亡方式的意志。这种精神的内在成长是个体

---

① 傅伟勋.死亡的尊严与生的尊严［M］.北京：北京大学出版社，2006：23.
② 王云岭.现代医学与尊严死亡［M］.济南：山东人民出版社，2016：80.

生命成长的重要组成部分。最后，意味着在这种死亡中主体获得了死亡的尊严，即或者因这种死亡赢得了他人的尊敬，或者在这种死亡中未曾遭受来自现代医学的侮辱，或者两者兼有"。[①]

唐先生对死亡的过程有非常自觉的准备，这些准备不仅是在灵性精神的自觉方面，甚至包括死亡场地的选择、死亡方式的选择、死亡时刻的选择。唐先生手术后发现癌症复发后没有再进行极端的治疗而是选择了中医保守治疗以减少痛苦；唐先生在病魔还没有导致其身体上如医生所言"求生不得、求死不能"的"迫生"状态前，选择回家"等待""自然死亡"；唐先生选择了生命最后阶段的居家临终，在亲人陪伴中而不是在孤独的ICU病房中安然离开这个世界；唐先生临终的最后时刻，是自己走到椅子上坐下来，在夫人打两个求助电话的短暂时间平静死亡。在唐先生的死亡准备过程中，我们可以看到，首先，基于自己的生死智慧和生命自觉，他没有强烈的"精神恐惧和压力"；其次，他还在这一准备死亡的过程中经历了"精神的内在成长"；最后，因为唐先生在临终前选择了类似于当代的"居家安宁疗护"的方式回家休养和保守治疗，因而"未曾遭受来自现代医学的侮辱"，也没有经历剧烈的"身体疼痛"而导致自己失去尊严。因此，不管是从现代医学情境下的"尊严死亡"角度看，还是从中国传统社会所期待的"善终"来说，唐先生的"死亡"这个生命事件，都可以称得上是"善终"。

（五）完善不朽的生命永恒

对生死问题的体验和意识关切，是贯穿唐先生一生的生命与学问中的。他在生命成长的早期，经历并深刻体验了好几次生死离别等重要事件。这些事件以及所带给他的生命体验是如此深刻，以至于唐先生在写就他一生最宏伟的著作《生命存在与心灵境界》后，还特别在"后序"中对它们一一记述；在他躺卧在病床上深刻反省自己的生命经验之

---

① 王云岭.现代医学与尊严死亡［M］.济南：山东人民出版社，2016：181–182.

时，也将它们梳理出来作为自己生命经历的重大事件；而在他于香港中文大学的退休演讲中，这种生死经验的回忆仍然是重要主题。而其终身的理论研究和思考，在相当程度上，都是带着这一问题意识的，并围绕这一问题意识展开自己的理论建构。为了解决他自己和现代人的生死困顿，唐先生立足于儒家生死观的基本立场，整合佛教及西方哲学的生死理论，提出了以实现"不朽要求"为目标，以"心灵生命"为基石，以"立三极"（人极、太极、皇极）、"开三界"（人格世界、人伦世界、人文世界）、"存三祭"（祭天地、祭祖宗、祭圣贤）为归旨，以"生死呼应""生死感通"为根本的一套性情化的生死哲学理论。

这样一套影响他终身并指导他的"死亡准备"的生死哲学理论，用唐先生在二十六岁时发表的《论不朽》一文的话语来说，即是一种确证生命永恒的"完善不朽论"。从青少年时期的生死体验与感悟，到三十岁左右撰写的《人生之路》十部曲（包括《人生之体验》《道德自我之建立》《心物与人生》三书），再到五十岁左右撰写《人生之体验续编》《病里乾坤》和《中国文化之精神价值》等著述，及至晚年的结晶之作《生命存在与心灵境界》，唐先生在理论上建构起了这样一套"完善不朽论"的生死哲学。这套生死哲学以"心"为生命存在的依据，此"心"作为本体，既源于超越的"天"，又内在于每一个人的"性情"，是一种普遍存在于每一个个体生命之内，又连接于生命和世界的本源之"天"的超越性。此"仁心本体"的超越性表明，它不会随着肉体生命的死亡而成为"非存在"，所以是不死的；"仁心本体"的超越性会不断向自我发出超越性的自我命令，即提出理想志愿，而这种命令本质上也就是"天命"；人的身体和心灵以"呼应"关系，共同不断实现这些心灵志愿，创造新的"属人的"人文精神生命。由此，人的肉体与心灵一起，因为此人文生命的永存而永存。所以，每一个个体生命尽管有身体的死，其生命却是"死而不亡"的。不过，这样一种"死而不亡"的生命，必须建立在生者自己不断自觉地自我超越，以"义所当为"来要求自己"自觉地做自己该做的"的基础上，也就是说，生命存在必须充分发挥其

"用"，此"用"也就是每个人的"生活理性化"的过程。与此同时，每个人依照自己的"心"行"义所当为"之事，必然包括对其他个体生命的体认，亦即对人与人之间"精神空间"的确认，此精神空间也包括对"死者"之"余情"的体认。由此，生者与死者之间，通过"情志感通"建立起了通达的道路，"死者"以事实上的情意存在，生活于生者的生活世界，"洋洋乎其上""洋洋乎在左右"，生死世界成为一个整体通达的世界，这个世界涵摄在我们的"理想"亦即"性情"之中。

唐先生生死哲学的核心意味，是要人领会到，一个人的"心"，是有旋转乾坤的力量的，只要你跟着自己的基于"性情"的"心"走，使自己的生活不断"理性化"，你的生命即"一有永有"而进入"完善的不朽"。而面对自己的死亡，唐先生同样禀受天命，自觉地做自己该做的，使自己面对死亡的生活仍然是"理性化的"亦即"道德的"生活，从而实现由生到死的真正的"尽性立命""天德流行"。可以说，唐先生以其全副生命实践着他自己生死哲学所倡导的"生活理性化"目标（尽性立命的道德生活），并以真切的形状给人们呈现了一副真正的"生活理性化"的生命样态。唐先生实际上是在通过自己的理论思考和生命实践，双重地建构自己让生命永恒的"完善不朽轮"生死哲学。